Erläuterungen und Dokumente

Johann Wolfgang Goethe
Egmont

HERAUSGEGEBEN VON
HANS WAGENER

PHILIPP RECLAM JUN. STUTTGART

Goethes »Egmont« liegt unter Nr. 75 in Reclams Universal-Bibliothek vor. Seiten- und Zeilenangaben in den Erläuterungen beziehen sich auf diese Ausgabe.

Universal-Bibliothek Nr. 8126 [2]

Bibliographisch ergänzte Ausgabe 1982
Gesamtherstellung: Reclam, Ditzingen. Printed in Germany 1985
ISBN 3-15-008126-2

I. Wort- und Sacherklärungen

Personen

Margarete von Parma, Graf Egmont, Wilhelm von Oranien, Herzog von Alba: Vgl. Kap. II.

Alba: Sprich ›Alwa‹.

Ferdinand: Don Fernando de Toledo, Albas illegitimer Sohn, war in Wirklichkeit seinem Vater im Charakter ähnlicher als in Goethes Drama. Seine Freundschaft mit Egmont ist jedoch historisch belegt.

Machiavell: Bei Strada (vgl. Kap. III) taucht unter dem Personal Margaretes ein Machiavell auf, der aber ein Geheimagent Philipps II. ist. Auch Schiller, der u. a. die gleichen Quellen wie Goethe benutzt hat, erwähnt in seiner »Geschichte des Abfalls der vereinigten Niederlande« einen Machiavell als ›Geheimschreiber‹ Margaretes. Sein Name wurde von Goethe wohl wegen der Namensgleichheit mit dem florentinischen Staatstheoretiker Niccolò Machiavelli (1469–1527) verwandt.

Gomez: Sprich ›Gomes‹.

Soest: Sprich ›Sust‹.

Buyck: Sprich ›Bœjk‹.

Ruysum: Sprich ›Rœjßüm‹.

Erster Aufzug

Armbrustschießen

5,2 *Armbrustschießen:* sportlicher Wettkampf, der bei den Niederländern besonders an Feiertagen populär war.

5,6 *es alle wird:* das Spiel zu Ende geht.

5,7 *Drei Ringe:* Die Ringe der Zielscheibe waren vom größten, äußeren Ring bis zum kleinsten in der Mitte numeriert. Buycks Schuß (vier Ringe) ist deshalb besser als der Soests (drei Ringe), weil er einen Ring näher am Zentrum der Scheibe ist.

5,10 *Meister und König:* Meister der Schützen und Schützenkönig.

5,14 *den Schuß handl' ich Euch ab:* laßt mich an Eurer Stelle schießen!

5,15 *traktiere:* lat., bewirte, halte frei.

5,18 *dreinreden:* Einspruch erheben, protestieren.

5,20 *Pritschmeister:* lustige Person, die mit der ›Pritsche‹, einem hölzernen Schwert, die Treffer der Schützen anzeigte und sich für jeden geschossenen Ring einmal vor dem Schützen verbeugte. Zu dieser Achtungsbezeigung (= *Reverenz*; von lat. reverentia, ›Ehrfurcht, Achtung‹) fordert Buyck den Pritschmeister auf.

5,23 *Vivat:* lat., er lebe.

5,24 *Wäre Meister zu viel!:* Schon der Titel Meister wäre zuviel.

5,35 *rein schwarz geschossen:* in die Mitte der Scheibe getroffen.

6,9 *gastieren:* bewirten, einladen; seit dem 17. Jh. durch Französisierung des älteren ›gasten‹ gebräuchlich. Spätere neue intr. Bedeutung: eine Gastrolle geben (Theatersprache).

6,12 *ohne Präjudiz:* ohne einen Präzedenzfall für die Zukunft zu schaffen; lat. praeiudicium, ›Vorentscheidung, maßgebendes Beispiel‹.

6,13 *splendid:* lat., freigebig, großzügig; lat. splendidus, ›glänzend, herrlich‹.

6,13 f. *es laufen zu lassen, wo es gedeiht:* Geld auszugeben, wo es sich gehört.

6,16 *Ihro Majestät Wohl!:* ›Ihro‹ ist altes Possessivpronomen vor Titeln, das sich bes. im oberdt. Sprach- und Schreibgebrauch lange gehalten hat; wahrscheinlich von ahd. iro.

6,33 f. *wie er seinem Sohn das Regiment hier abtrat:* Die feierliche Abdankung Kaiser Karls V. (1519–56) und die Übertragung der Regierungsgewalt in den Niederlanden auf seinen Sohn Philipp fand am 25. Oktober 1555 in Brüssel statt. Der volkstümliche Karl blieb noch bis zum September 1556 in den Niederlanden. Der wegen seiner persönlichen Unnahbarkeit und seiner Vorliebe für spanische Sprache und spanisches Hofzeremoniell unpopuläre Philipp verließ das Land für immer am 20. August 1559.

6,36 *als:* außer. ›Als‹ ist hier vergleichend gebraucht, und zwar weil eine Negation, also eine Ungleichheit, analog einem Komparativ vorausgeht. Dieser Gebrauch von ›als‹ ist seit dem 17. Jh. belegt.

7,1 *gedruckt:* altertümlich für ›gedrückt‹; besonders im Oberdt. verhinderte das ›ck‹ lange den Umlaut.

7,5 *Gemüt:* Neigung, Liebe. Das Gemüt ist bei Goethe aber auch schon Sitz der Empfindungen; vgl. die letzten Worte Egmonts 91,8 f.

7,17 *St. Quintin:* Ort in Nordfrankreich, wo die Spanier und Engländer am 10. August 1557 über die Franzosen siegten (vgl. Kap. II). Goethe gebraucht seinen Quellen gemäß die lat. Form (›ad S. Quintinum‹ im Gegensatz zum frz. ›St. Quentin‹).

7,18 *Gravelingen:* frz. Gravelines; Ort an der französischen Küste zwischen Dünkirchen und Calais, wo die Truppen Philipps II. am 13. Juli 1558 wiederum über die Franzosen siegten. Der glückliche Ausgang der Schlacht wurde vor allem der Tapferkeit Egmonts zugeschrieben, der Befehlshaber der Reiterei war. Alba warnte vor der Schlacht und kritisierte Egmont später trotz des Erfolges als tollkühn, was die Spannungen zwischen den beiden Männern verschärfte (vgl. Kap. II). Bei der Beschreibung der Schlacht folgt Goethe weitgehend van Meteren (vgl. Kap. III).

7,23 *gebrennt:* mundartlich für ›gebrannt‹; vgl. auch Anm. zu 86,35 f.

7,25 *da ging's frisch!:* Ergänze ›zu‹.

7,26 *welsch:* romanisch, d. h. französisch, italienisch, spanisch; hier nur auf die Franzosen bezogen.

7,28 f. *hielten lange wider:* leisteten lange Widerstand.

7,30 f. *Da ward Egmont das Pferd ... niedergeschossen ...:* Vgl. Klärchens Beschreibung des Bildes 21,17 ff.

7,35 *des Flusses:* des Küstenflusses Aa, der bei Gravelingen in den Kanal mündet.

7,37 *Admiral Malin:* englischer Vizeadmiral. Vgl. Kap. III.

8,1 *die Welschen:* Wieder sind nur die Franzosen gemeint.

8,6 *beidlebig:* Goethes Übersetzung von ›amphibisch‹, im Wasser und auf dem Lande lebend, mit Bezug auf die Holländer.

8,9 *schlugen euch ...:* Der die Anwesenden einbeziehende Dativus ethicus ›euch‹ (Dativ der inneren Anteilnahme) ist heute – wie hier in der lebhaften Schilderung Buycks – auf die gesprochene Sprache beschränkt.

8,10 f. *die welsche Majestät:* der französische König Heinrich II. (1547–59).

8,11 *Friede machen:* der Friede von Câteau Cambrésis, der am 3. April 1559 zwischen Philipp II. und Heinrich II. geschlossen wurde. Er war durch Egmonts Siege möglich geworden und bestätigte Philipp im Besitz seiner Länder, da Frankreich auf seine Ansprüche in Italien und in Burgund verzichtete.

8,16 f. *Hätte man uns den ... zum Regenten gesetzt!:* Egmont und Oranien waren beide für die Oberstatthalterschaft in Betracht gekommen, aber Philipp hatte das Amt seiner Halbschwester Margarete von Parma (1522–86) übertragen. Vgl. Kap. II.

8,22 *treffliche Weiber sind in dem Hause:* d. h. im Hause Habsburg; bezieht sich wahrscheinlich vor allem auf Philipps Tante, die Königin Maria von Ungarn, die von 1530 bis 1555 die Oberstatthalterschaft der Niederlande verwaltete.

8,26 f. *die vierzehn neuen Bischofsmützen:* Unter Karl V. gab es in den Niederlanden vier Bistümer. Auf Philipps Ersuchen hin richtete Papst Paul IV. (1555–59) vierzehn weitere Bischofsstellen ein. Dies erregte bei den Niederländern Besorgnis und Erbitterung, einmal, weil die Stände (Adel und Geistlichkeit) entgegen ihren Privilegien nicht befragt worden waren, zum anderen, weil die Maßnahme offensichtlich auf eine strengere Durchführung der spanischen Inquisition zielte. Vgl. Kap. II.

8,29 *Äbte aus den Kapiteln:* Ein Kapitel ist die Versammlung der stimmberechtigten Mitglieder eines Klosters, einer Klosterprovinz oder eines weltlichen (Ritter-)Ordens.

8,31 *An drei Bischöfen ...:* Irrtum Goethes: In den Niederlanden gab es damals vier Bistümer (Tournay, Cambray, Arras und Utrecht).

8,39 *die neuen Psalmen:* Der französische Dichter Clément Marot (1496–1544) hatte auf Calvins Veranlassung Psalmen bearbeitet, die von der Sorbonne als ketzerisch bezeichnet und deshalb verfolgt wurden.

9,2 *Schelmenlieder:* weltliche Lieder. ›Schelm‹ war seit dem 15. Jh. Schimpfwort für einen Betrüger oder Verbrecher;

Grundbedeutung von ›Aas‹, in jüngerer Zeit abgemildert zu ›Schalk‹.

9,3 f. *Ich hab ihrer ... gesungen:* ›singen‹ hier altertümlich mit Genitiv.

9,6 *Ich wollte sie fragen!:* Ich würde sie gern fragen! Der Konj. Prät. von ›wollen‹ + Inf. dient hier, wie des öfteren bei Goethe, als konditionale Umschreibung. Statt der Umschreibung mit ›würde‹ bleibt der optative Nebensinn von ›wollen‹ dabei erhalten (Grimm).

9,8 *Gent:* Hauptstadt der belgischen Provinz Ostflandern.

9,9 *Ypern:* Stadt in der belgischen Provinz Westflandern.

9,21 *Die Inquisition kommt nicht auf:* Die Inquisition, geistliche Gerichte, die Ketzerei jeder Art ahndeten, wurde 1522 von Karl V. in den Niederlanden eingeführt, aber nicht in voller Strenge gehandhabt. Den Versuch, mit ihrer Hilfe den erstarkenden Protestantismus in den Niederlanden radikal auszurotten, unternahm erst Philipp II.

9,31–33 *Prediger ..., die aus Deutschland gekommen sind:* Lutheraner, während aus Frankreich hauptsächlich Calvinisten kamen.

9,37 *tausend und tausend:* ›tausend‹ als runde Zahl bezeichnet nur eine unbestimmte, sehr große und unzählige Menge, eine Bedeutung, die schon seit dem Mhd. gern durch Häufungen des Wortes, urspr. ohne verbindendes ›und‹, betont wurde.

9,38 *ein ander Geköch:* etwas ganz anderes, wörtlich: Gekochtes; die Predigt als vorgesetztes Gericht (Grimm).

9,40 *sprach von der Leber weg:* legte sich keinen Zwang auf. Die Leber galt als Sitz leidenschaftlicher Regungen.

10,27 *Haufen:* Kompanie, Truppe.

11,3 *die spanischen Besatzungen:* Nach dem Krieg gegen Frankreich hatte Philipp widerrechtlich spanische Truppen in den Niederlanden zurückgelassen, die erst im Januar 1561 auf dringende Vorstellungen der Regentin hin abgezogen wurden. Vgl. Kap. II.

11,5 *die lagen dir am schwersten auf?:* die waren dir die größte Last?

11,6 *Vexier' Er sich:* Halte Er sich selbst zum Narren; frz. vexer, ›ärgern‹.

11,18 *das sind auch wir zufrieden:* ›zufrieden‹ urspr. mit Genitiv; danach mit unechtem Akk. von Pronomen (Grimm); vgl. ›ich bin's zufrieden‹.

Palast der Regentin

11,29 *diese schrecklichen Begebenheiten:* der Bildersturm, der in Wirklichkeit schon im August 1566 losbrach. Vgl. Kap. II.

11,30 *ergetzen:* bis ins 18. Jh. übliche Form für ›ergötzen‹.

11,34 *das Rätlichste:* veraltet für ›das Ratsamste‹.

12,3 *der fremden Lehrer:* der deutschen (lutherischen) und französischen (calvinistischen) Prediger.

12,6 *gebannt:* hineingebracht.

12,9 *nach Hofe:* an den Hof in Madrid.

12,10 *der allgemeine Ruf:* das Gerücht.

12,13–15 *O was sind wir Großen ...:* Betonung des Schicksalhaften. Vgl. Goethes Brief an Charlotte von Stein vom 14. Mai 1778 (Kap. IV).

12,23–37 *St. Omer ... Menin, Comines, Werwicq, Lille:* Städte in Flandern.

12,23 f. *die bilderstürmerische Wut:* In der Schilderung des Bildersturms folgt Goethe teilweise wörtlich dem Katholiken Strada, der die Unruhen so schlimm wie möglich darstellt. Vgl. Kap. III.

12,38 f. *die ungeheure Verschwörung:* Goethes Gewährsmann Strada sieht hinter den Unruhen eine planende Verschwörung gegen den Katholizismus.

13,1 *bei deiner Wiederholung:* Übergang von der formellen Ihr-Anrede zum familiären ›du‹ seitens der Regentin.

13,5 *Grillen:* wahrscheinlich im lat.-griech. grillos schon Doppelbedeutung ›Heimchen, Grille‹ und ›sonderbarer, närrischer Einfall‹ mit der Betonung des Unwirklichen, Schrulligen, Grotesken. Im 17. Jh. Sinnverschiebung auf trübselige, melancholische Gemütsverfassung.

13,16 *Rechtgläubigen:* Katholiken.

13,23 *des wahren Glaubens:* des Katholizismus.

14,2 *daß es ... anständiger ist:* daß es ... besser ansteht, gemäßer ist.

15,1 *fette Pfründen:* von lat. praebenda, ›Darzureichendes‹; seit dem 9. Jh. das, was einem Geistlichen als Gegenleistung für seine geistlichen Dienste gereicht wird, d. h. das mit seinem Amt verbundene Einkommen. Hier ist das Amt mit gutem Einkommen selbst gemeint.

15,2 *Statthalterschaften:* Gouverneursämter. Der Gouverneur ist Stellvertreter des Herrschers in einer Provinz.

15,31 *Nie hat er einen Schein vermieden:* Er hat sich nie einen falschen Anschein gegeben; er hat sich nie so verhalten, daß man seine Handlungen hat mißdeuten können.

15,33 f. *Graf Egmont freut ihn sich nennen zu hören:* Egmonts Vorfahren führten den Namen Egmont nach einem in der Nähe von Amsterdam gelegenen Küstenstädtchen. Sie waren Besitzer von Geldern, wurden aber schon von Herzog Karl dem Kühnen von Burgund (1467–77) um diese fürstliche Stellung gebracht. Die Regentin befürchtet, daß Egmont mit der Annahme des alten Titels, der ursprünglich »Graf von Egmont und Herzog von Geldern« war, Besitzansprüche auf Geldern geltend machen könnte. »Prinz von Gaure« konnte sich Egmont nennen, weil er das Fürstentum Gaure, das in der Nähe von Gent lag, von seiner Mutter geerbt hatte.

16,6 *Mit seinen Gesundheiten:* mit seinen Trinksprüchen; bezieht sich auf die Sitte, beim Zutrinken Wünsche für das Wohlbefinden des Anwesenden auszusprechen.

16,10 *die neuen Livreen:* Bei einem Gastmahl des holländischen Adels im Dezember 1563 machte man sich über den Pomp und die Eitelkeit des allmächtigen, aber verhaßten Kardinals Granvella (vgl. Kap. II) lustig. Unter Anführung Egmonts ließen verschiedene Adelige ihren Dienern neue Livreen in einfacher grauer Farbe schneidern, auf deren Ärmel rote Köpfe mit Schellenkappen gestickt waren. Die Anspielung auf den Kardinal war offensichtlich. Granvella erreichte durch die Regentin ein Verbot des Abzeichens, das daraufhin von den Edelleuten in ein Bündel Pfeile mit der Umschrift »concordia res parvae crescunt« (Durch Eintracht wachsen kleine Dinge; oder: Einigkeit macht stark) verwandelt wurde, ein Emblem, das von der Regierung als Symbol einer Adelsverschwörung interpretiert wurde. Vgl. 35,10 f.: *wir haben Schellenkappen ... sticken lassen.*

16,17 f. *das macht sich erst recht:* das geschieht erst recht. Bedeutung der Reflexivform: zustande kommen.

16,25 *Sein Gewissen hat einen gefälligen Spiegel:* Sein Gewissen stellt ihm die Dinge so vor, wie er sie sehen möchte.

16,36 *sein Golden Vlies vor der Brust:* Der Orden des Goldenen Vlieses war 1429 von Herzog Philipp dem Guten von Burgund (1419–67) gestiftet worden. Mit dem Namen wollte Philipp wahrscheinlich auf einen beabsichtigten Kreuzzug nach Syrien als einen neuen Argonautenzug hinweisen. Mitglieder des Ordens waren nur verdiente Männer aus hohem Adel und Königshäusern. Sie unterstanden gerichtlich nur dem aus allen Mitgliedern bestehenden Ordenskapitel, dessen Vorsitzender, der Großmeister, – in diesem Falle Philipp II. – bei Stimmengleichheit den Ausschlag gab. Egmont war 1646 von Karl V. in den Orden aufgenommen worden. Diese privilegierte Ordenszugehörigkeit rechtfertigt sein Gefühl der persönlichen Sicherheit (vgl. seine erklärenden Worte 48,28 f.: *und Kette und Zeichen geben ... die edelsten Freiheiten ...*). Das Ordenszeichen war ein goldenes Widderfell, das an einem blau emaillierten Feuerstein, dem Kennzeichen Burgunds, hing.

17,7 f. *Habt Ihr den Rat zusammenberufen lassen?:* bezieht sich auf den Staatsrat, eines der höchsten Exekutivorgane der Niederlande, die von Philipp vor seiner Abreise nach Spanien eingesetzt worden waren. Zu den Mitgliedern gehörten Egmont, Oranien, Graf Hoorn und andere hohe Adelige.

Bürgerhaus

17,21 *Klare:* später Wechsel zu *Klärchen*, wie auch im »Faust« ›Margarete‹ und ›Gretchen‹ nebeneinanderstehen.

17,30 *sekundiert:* singt die zweite Stimme.

17,36 *mein Leibstück:* mein Lieblingsstück (vgl. ›Leibgericht‹). Im älteren Sprachgebrauch ist ›Leib‹ zur Bezeichnung der ganzen Person gebräuchlich.

18,9 *Wämslein:* Soldatenrock.

19,7 *betriege:* Die mhd. Form ›betriegen‹ war z. Zt. Goethes üblich; erst im 19. Jh. setzte sich ›betrügen‹ durch.

19,21 *Und dann darf ich Egmont nur wieder ansehen:*

›dürfen‹ in der alten Bedeutung von ›brauchen‹, die bis zum 18. Jh. üblich war.

19,33 *Ihr ließet es doch:* Ihr ließet es doch zu.

20,19 f. *ein verworfenes Geschöpf:* verworfen nach damaliger Auffassung, weil Klärchen Egmonts Geliebte ist.

21,3 *Springinsfeld:* seit dem Dreißigjährigen Krieg (Grimmelshausen) verbreiteter Übername, der die Leichtfüßigkeit, die aktiv-extrovertierte Persönlichkeit seines Trägers bezeichnet. Name von Landsknechten, Handwerksgesellen, Kobolden, Teufeln (Kluge).

21,7 *gingen von seinen Leuten vorbei:* gingen einige von seinen Leuten vorbei. Genitivus partitivus, eine aus dem Französischen übernommene Spracheigentümlichkeit Goethes. Vgl. Anm. zu 71,22 f.: *Hier kommen von ... Männern.*

21,18 f. *im Bilde den Buchstaben C.:* Klärchen betrachtet einen Holzschnitt von der Schlacht bei Gravelingen in einem illustrierten Flugblatt. Die Hauptpersonen der Abbildung sind mit Buchstaben bezeichnet, die auf darunterstehende Erklärungen verweisen.

21,33 *besorgen:* sich Sorge machen, befürchten.

21,40 *Historie:* von lat. historia, ›Geschichte‹. ›Historie‹ hat dieselbe doppelte Bedeutung wie das deutsche Wort ›Geschichte‹, nämlich ›etwas Erzähltes‹ und ›Vergangenheit‹.

22,6 *da sie es dafür aufnimmt:* da sie es so auffaßt.

22,7 ff. *Unglücklicher! und dich rührt ...:* In diesem Monolog Brackenburgs verwendet Goethe dieselbe Technik der Antithese wie in Valentins Monolog in »Faust« I, Nacht, Straße vor Gretchens Türe.

22,12 *Exerzitium:* lat., Übung(saufgabe).
Brutus': Marcus Iunius Brutus (85–42 v. Chr.), einer der Mörder Cäsars. Seine Hoffnungen auf Wiederherstellung der alten republikanischen Ordnung nach Cäsars Tod scheiterten, und als er zusammen mit dem Verschwörer Cassius bei Philippi (42 v. Chr.) im Kampf gegen Antonius und Oktavian unterlag, tötete er sich selbst.

22,20 *und halb und nichts:* nur halb, was soviel ist wie gar nichts.

22,30 *ich sterbe unter dem Getümmel nur ab:* ich werde indessen immer apathischer, teilnahmsloser.

22,38 *der Zeit vergessen:* ›vergessen‹ bis ins 18. Jh. mit Genitiv.

23,6 *alle Sinnen gingen mir um:* alle Sinne vergingen mir.

Zweiter Aufzug

Platz in Brüssel

24,5 *auf der Zunft:* in der Versammlung der Zunftmitglieder, im Zunfthause.

24,13 *unsere Gerechtsame:* unsere Vorrechte, Rechte.

24,30 *Tobak:* alte Form von ›Tabak‹, die sich bis heute mundartlich gehalten hat.

25,1 *Stutzbärte:* spanische Soldaten, die gestutzte, kurzgeschnittene Bärte trugen.

25,8 *die sieben Weisen aus Griechenland:* sieben Philosophen des griechischen Altertums, die ihre Einsichten in kurze Lehrsätze faßten (6.–7. Jh. v. Chr.): Kleobulos aus Lindos, Periandros aus Korinth, Pittakos aus Mytilene, Bias aus Priene, Thales aus Milet, Chilon aus Lacedämon und Solon aus Athen. Hier ironisch gemeint mit Bezug auf den Seifensieder.

25,20 *Patron:* lat., frz., Arbeitgeber, Herr.

25,22 *Notaren und Advokaten:* lat., Notare sind staatlich bestellte Personen zur Beurkundung von Rechtsgeschäften, Beglaubigung von Unterschriften, Abfassung von Testamenten usw. Advokaten sind Rechtsanwälte ohne die Befugnisse von Notaren. Von lat. notarius, ›Geschwindschreiber‹, bzw. advocatus, ›Rechtsbeistand‹.

25,23 *Branntweinzapf:* Branntweinsäufer.

25,31 *Herre!:* alte Form von ›Herr‹, die bis ins 19. Jh. in altertümlichem und volksmäßigem Stil lebte (Grimm); ahd. hēriro, hērro; mhd. hërre.

25,33 *Und der König uns:* Philipp II. hatte bei der Regierungsübernahme die Verfassung der niederländischen Provinzen beschworen.

25,35 *Pfiffe:* Kniffe, Kunstgriffe; wohl aus der Gaunersprache.

25,37 *Briefe:* Urkunden; urspr. Bedeutung nach lat. brevis (libellus), ›kurzes Schreiben, Urkunde‹.
Kontrakten: lat., Verträgen, Abmachungen.

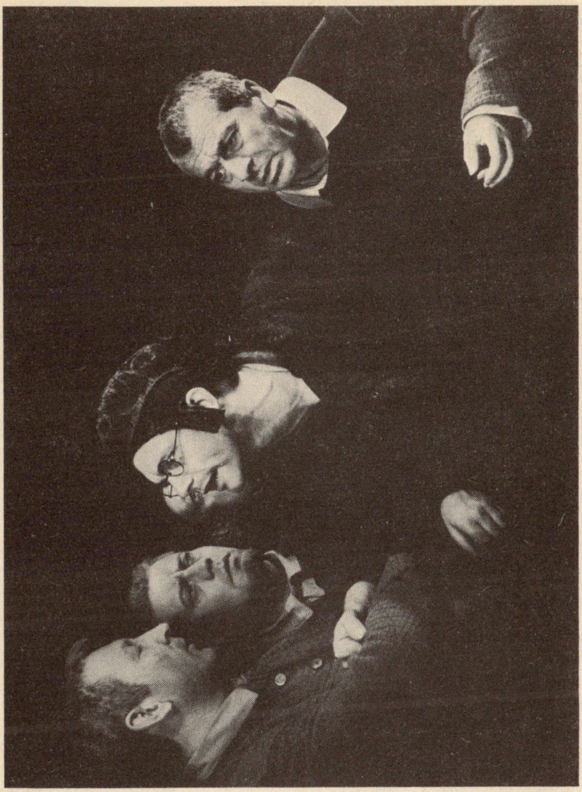

Vansen (Uwe Friedrichsen) und Bürger von Brüssel in der Ersten Szene des Zweiten Aufzugs, Inszenierung des Deutschen Schauspielhauses, Hamburg, 1967 (Foto: Rosemarie Clausen)

25,38 *Gerechtigkeiten:* rechtlich begründete oder verliehene Befugnisse, Vorrechte.

26,1 *Privilegien:* lat., Vorrechte, Sonderrechte; lat. privilegium.

26,4 *über die Schnur hauen:* zu weit gehen, über seine Befugnisse hinausgehen. *Schnur:* urspr. die Richtschnur der Zimmerleute.

26,6 *ihre Staaten, ihre Landstände:* ihre ständischen Vertretungen, d. h. Vertretungen des Landes gegenüber dem Landesherrn, die nach Ständen (damals Adel, Geistlichkeit und Vertretern der Städte) gegliedert waren.

26,16 *das Regiment:* lat., die Regierung.

26,18 *Historie:* Vgl. Anm. zu 21,40.

26,20 *das Netz über die Ohren gezogen:* eingefangen, wie Vögel und Wild auf der Jagd mit Netzen gefangen werden.

26,23 *in Zeiten:* beizeiten.

26,25–27 *Der König in Spanien ... schalten und walten:* Philipp II. hatte, wie die anderen Herrscher vor ihm, bei der Regierungsübernahme die Verfassung der Niederlande beschworen. Vgl. Anm. zu 25,33 *Und der König uns.*

26,31 *Landrechten:* Jede einzelne Provinz und ihre Bürger hatten alte Sonderrechte, wobei sich besonders die Brabanter auszeichneten. Jeder Bürger durfte nur nach den Gesetzen seiner eigenen Provinz gerichtet werden.

26,38 *Karl der Kühne:* Herzog Karl der Kühne von Burgund (1433–77) hatte die niederländischen Provinzen seinem Herzogtum einverleibt, aber vergeblich versucht, ihre Sonderrechte zu zerstören. Durch die Vermählung seiner Tochter Maria (1457–82) mit Kaiser Maximilian I. (1493 bis 1519) kamen die Provinzen an Habsburg.

26,39 *Friedrich der Krieger:* Hiermit kann nur Kaiser Friedrich III. (1439–93) gemeint sein, der 1488 in die Niederlande aufbrach, um seinen in Brügge gefangengehaltenen Sohn Maximilian mit militärischer Gewalt zu befreien. Der sonst unbekannte Beiname bezeugt die Oberflächlichkeit Vansens.

27,4–6 *fingen sie ... heraus:* Nach dem Tode Marias von Burgund fingen die Flamen ihren Sohn, den damals vierjährigen Philipp den Schönen (1478–1506). Sein Vater, der spätere Kaiser Maximilian I., wurde bei einem Befreiungsversuch 1488 ebenfalls gefangengenommen, und beide wurden nur gegen große Konzessionen freigelassen. Vgl. Anm. zu 26,39.

27,26 f. *gestatten:* mit Akkusativobjekt: an seiner Statt herrschen lassen.

28,9 *Verwilligung:* seltene Nebenform zu ›Einwilligung‹.

28,10 *Staat des Landes:* hier wohl schon in der neueren Bedeutung von ›Regierungsform, Verfassung‹.

28,29 *Den Gelahrten?:* bewußt altertümlich für ›den Gelehrten‹; schon mhd. gab es zwei Partizipien, ›gelēret‹ und ›gelārt‹. ›Gelahrt‹ wurde seit Mitte des 18. Jh.s nur noch spöttisch, als Wort und Begriff der Zopfzeit gebraucht (Grimm).

28,31 *ruht!:* gebt Ruhe, hört auf!

29,8 f. *Geht ... an euer Gewerbe:* Vgl. die Reden des Tribunen Flavius in Shakespeares »Julius Cäsar«, I, 1, durch die Goethe hier offensichtlich angeregt wurde.

29,11 *stillt sich:* beruhigt sich.

29,15 *rechtliche Leute:* rechtschaffene Leute.

29,17 *Eures Zeichens?:* Euer Beruf? Jedes Handwerk hatte sein besonderes (Zunft-)Zeichen.

29,18 *Zunftmeister:* Vorsteher einer Zunft.

29,23 *Ich erinnere mich ...:* Egmont verhält sich hier ähnlich wie später Schillers Wallenstein vor den Pappenheimer Kürassieren (»Wallensteins Tod«, III, 15).

29,33 *Söffer:* Säufer.

29,39 *Kasten:* früher auch Bezeichnung für ›Geldkasten, Kasse‹.

30,26 *die Bursche:* alter Plural.

30,28 *mit Ruten streichen:* auspeitschen, geißeln.

30,29 *Wanst:* Bauch, urspr. nur auf Tiere bezogen, später verächtlich auch auf (dicke) Menschen; hier ›feister Mensch‹.

Egmonts Wohnung

31,15 *angefaßt:* angetroffen, angehalten.

31,38 *Relation*: lat., frz., genauer Bericht, Erzählung.

32,5 *eingezogen:* gefangengenommen, ins Gefängnis geworfen.

32,8 *Ich bin des Hängens müde:* Vgl. Vansens Worte 56,38

bis 56,40: *Ein paar meiner guten Freunde, die anderwärts schon wären gehangen worden, hat er mit einem Buckel voll Schläge verabschiedet.*

33,9 *Verhaft:* veraltet für ›Verhaftung‹.

33,11 f. *setzte er sich selbst vierzehn Tage:* Ergänze ›Frist‹.

33,31 *annehmlich:* annehmbar.

33,32 *das Geld schaffen:* das Geld verschaffen.

33,33 *Ich habe den Brief des Grafen Oliva …:* Auch bei van Meteren (vgl. Kap. III) wird Egmont durch einen »spanischen Ratsherren« gewarnt, aber der Name Oliva ist erfunden.

33,40 *Hand:* hier ›Handschrift, die Art, wie man schreibt‹.

34,15 *ich werde mich schon wahren:* ich werde mich schon in acht nehmen. ›wahren‹ statt ›bewahren, verwahren‹ norddt., häufig poet.

34,26 f. *Hofkadenz:* Kadenz ist der Schluß eines Verses oder Musikstückes. In der Verbindung mit ›Hof‹ wird das Geregelte, notwendig Taktmäßige des Hofzeremoniells ausgedrückt, das Egmonts Charakter zuwider ist.

34,27 *mustern:* richten, nach einem Vorbilde formen, entsprechend der Bedeutung des Substantivs ›Muster‹.

34,31 *harsch:* hart, rauh, barsch.

34,34 *sorgfältig:* bei Goethe allgem. ›vorsichtig‹, ohne die spezielle Bedeutung ›um Genauigkeit bemüht‹.

34,38 ff. *Und wenn ich ein Nachtwandler wäre …:* Vgl. Goethes Brief an Frau von Stein vom 7. November 1780: »Ich rekapituliere in der Stille mein Leben […] der Mensch ist doch wie ein Nachtgänger, er steigt die gefährlichsten Kanten im Schlafe.«

35,2 *sich wahren:* sich hüten, vorsehen; hauptsächlich nddt. (Grimm); vgl. Anm. zu 34,15.

35,10 f. *wir haben Schellenkappen …:* Vgl. Anm. zu 16,10.

35,16 f. *daß eine ganze edle Schar mit Bettelsäcken … dem Könige seine Pflicht … ins Gedächtnis rief:* Als die verbündeten niederländischen Adeligen 1566 vor der Regentin erschienen, um die Antwort auf ihre Beschwerden über die Inquisition und andere tyrannische Maßnahmen zu empfangen, flüsterte ihr der spanischgesinnte Graf Barlaimont auf französisch zu, sie solle sich vor einem Haufen Bettler (»tas de gueux«) nicht fürchten. Daraufhin entschieden sich die Verbündeten bei einem Gastmahl, sich fortan Geusen, d. h. Bettler zu nennen, sie verwendeten als Embleme Bettelsack und Holzschale und trugen eine Medaille mit der Umschrift »Treu dem König bis zum Bettelsack«. Vgl. Kap. II.

35,17 *mit einem ... Unnamen:* d. h. mit dem selbstgewählten Schimpfnamen ›Geusen‹. ›Unname‹ für ›Schimpf- oder Spottname‹ ist heute nur noch mundartlich im Gebrauch.

35,21 *Mut:* hier allgem. ›Stimmung, Sinn‹; vgl. ›guten Mut‹.

angefrischte: veraltet für ›angeregte, aufgemunterte‹.

35,34 *Epistel:* lat., Brief; von lat. epistula, ›Brief, Zuschrift‹.

35,40–36,5 *Kind! Kind! nicht weiter! Wie von unsichtbaren Geistern gepeitscht, ... Räder wegzulenken:* Goethe schloß später mit diesen Worten die Darstellung seiner Jugend in seiner Autobiographie »Dichtung und Wahrheit«, 20. Buch (vgl. Kap. IV). Mit den *Sonnenpferde[n] der Zeit* ist auf den griechischen Mythos von Phaeton, dem Sohn des Sonnengottes, angespielt, der bei dem Versuch, seines Vaters Pferde durch den Himmel zu lenken, scheiterte. Jupiter tötete den allzu kühnen Jüngling, indem er seinen Donner gegen den Sonnenwagen schleuderte, und rettete so die Erde. Egmonts Bild unterscheidet sich von seinem mythologischen Vorbild durch eine begrenzte Kontrolle. Vgl. Goethes Gedicht »An Schwager Kronos«.

36,5 f. *Erinnert er:* erinnert der Wagen.

36,9 *ich fühle mir Hoffnung:* ›fühlen‹ im 18. Jh. häufig mit refl. Dativ.

36,12 f. *ein selbst verfehlter Schritt:* Der Ton liegt auf »verfehlter«, nicht auf »selbst«. In der Ausgabe letzter Hand ist die Doppeldeutigkeit beseitigt: *ja selbst ein verfehlter Schritt.*

36,15 *Gewinst:* seltene Nebenform zu ›Gewinn‹, belegt bei Luther, Lessing, Goethe.

36,16 *knickern:* geizen, knausern; besonders nddt. Bei Adelung noch unbekannt.

36,22 *eh die Tore geschlossen werden:* Die Stadttore wurden mit Anbruch der Dunkelheit geschlossen.

36,27 *(Oranien kommt.):* Egmont und Oranien trafen sich am 2. April 1567 in einem Dorf namens Willebroek, wo

Oranien den Grafen beschwor, auch zu fliehen. Goethe folgt in dieser Szene teilweise wörtlich dem Bericht bei Strada (vgl. Kap. II und III).

36,28 f. *Ihr scheint mir nicht ganz frei:* d. h. frei von Sorgen, unbefangen.

36,40 *Diskurs:* frz. discours, ›Rede, Gespräch‹.

37,9 f. *daß jeder Herkules ... Kunkelhof vermehrte:* Im Dienste des Eurystheus, des Königs von Argos, mußte der griechische Sagenheld Herkules (Herakles) »zwölf Arbeiten« verrichten, u. a. den Nemeïschen Löwen erlegen, dessen Fell er anschließend als Gewand trug. Um von Wahnsinnsanfällen geheilt zu werden, diente er auf den Rat des Orakels von Delphi drei Jahre lang der lydischen Königin Omphale als Sklave. Er trug dabei Frauenkleider und mußte weibliche Arbeiten verrichten, z. B. auch Wolle spinnen, während Omphale sein Löwenfell und seine Keule trug.

37,10 *ihren Kunkelhof:* ihre Schar der Spinnerinnen. ›Kunkel‹ wird süd- u. südwestdt. für ›Spinnrocken‹ verwandt.

37,24 *glaubst du, daß sie es unterhalten wird:* Übergang vom distanzierenden ›Ihr‹ zum familiären ›du‹.

37,25 *abzuhaspeln:* hier in der übertragenen Bedeutung ›sich herumzuquälen, herunterzuleiern‹.

37,26 f. *sich in alten Familienverhältnissen herumzuschleppen:* ihre alten Verwandten zu besuchen.

37,30 *dennoch liegt's wohl in ihr:* dennoch ist sie wohl dazu imstande.

37,34 *Planen:* alte Pluralform (Dativ). Erst gegen Ende des 19. Jh.s setzte sich statt ›Plane‹ ›Pläne‹ durch.

37,38 *jene Hindernis:* ›Hindernis‹ war urspr. Neutrum, erscheint aber vom 16. bis gegen Ende des 18. Jh.s als Femininum.

38,15 *müßige Menschen:* Menschen, die von (Amts-)Pflichten frei sind, die sich ganz ihren Neigungen widmen können. Alliteration!

38,38 f. *untertan und gewärtig:* Ausdrücke des Feudalismus. *gewärtig* nach mhd. gewertec, ›dienstbereit‹.

39,4 *die Ritter des Vlieses:* Vgl. Anm. zu 16,36.

39,16 *das Panier:* Banner, Fahne. Mhd. banier (aus dem

Frz.); neben nhd. Banner hält sich auch ›Banier‹ und seit dem 15. Jh. ›Pani(e)r‹ (Luther).

39,29 *Alba ist unterwegs:* Alba kam im Frühjahr 1567 mit spanischen Truppen per Schiff von Cartagena nach Genua, vermehrte sie in Mailand mit italienischen Truppen und führte sie durch Savoyen, Burgund und Lothringen in die Niederlande. Am 22. August zog er in Brüssel ein. Vgl. Kap. II.

40,8 *dringt:* urspr. Verbform von ›drängt‹.

40,25 *die Handlung:* bei Goethe noch mehrfach für Handel(sverkehr). ›Handel‹ und ›Handlung‹ werden im 17. und 18. Jh. synonym gebraucht.

41,5 f. *kommt ... in Anschlag:* spielt eine Rolle, zählt.

41,19 *Du wirst aufgebracht, Egmont:* Übergang zum familiären ›du‹, zur Freundschaftsbekundung überleitend. Vorher Wortgefecht in Stichomythien, schneller, zeilenweise zwischen den beiden Gesprächspartnern wechselnder Rede und Gegenrede.

41,32 *wie deine Freunde gefaßt sind:* wie deine Freunde sich verhalten, reagieren.

42,4 f. *Mir wär' es nie eingekommen:* Mir wäre es nie eingefallen, in den Sinn gekommen.

42,5 *Sorglichkeit:* Subst. zu ›sorglich‹ in der selteneren Bedeutung ›sorgenvoll‹.

Dritter Aufzug

Palast der Regentin

43,4 *Ich hätte mir's vermuten sollen:* im 18. Jh. häufig mit refl. Dativ; vgl. auch Anm. zu 36,9.

43,12 *(Machiavell erscheint im Grunde):* d. h. im Hintergrund der Bühne.

43,13 *Ich denke ...:* Ergänze ›nach‹.

43,34 f. *unsre Soldaten ... zu ziehen:* Vgl. Anm. zu 11,3.

44,3 f. *der gar keine Räson annimmt:* der unvernünftig, rücksichtslos vorgeht. Margarete erfreute sich wegen ihrer milden Regierungsweise beim Volke einer gewissen Beliebtheit. Frz. raison, ›Vernunft, Billigkeit‹.

44,17 *ich möchte mich verstellen:* Ergänze ›wenn ich's nicht frei heraussagte‹.

44,17 f. *Es ist mir empfindlich:* ich empfinde es unangenehm.

44,26 *den König und sein Konseil:* den König und seinen Staatsrat; frz. conseil, ›Rat(sversammlung), Ratgeber‹. Beschreibung des Staatsrates nach Stradas Darstellung der Sitzung vom April 1567, bei der die Niederlande auf der Tagesordnung standen. *Rodrich* ist Ruy (Rodrigo) Gomez de Silva, Fürst von Eboli, nach dem Goethe die zwei Offiziere Albas benennt. *Freneda* ist Philipps Beichtvater, der Franziskaner Bernardo Fresneda. *Alonzo* und *Las Vargas*, Namen, die bei Strada in anderem Zusammenhang auftauchen, hat Goethe von sich aus hinzugefügt. Der *hohläugige Toledaner* ist Alba selbst, hier in Anlehnung an van Meteren beschrieben.

44,35 *ehrnen:* bronzenen, erzenen.

44,39 *von den politischen Herren:* von den Politikern, Staatsmännern.

44,40 *durchhören:* von Anfang bis Ende mit anhören.

45,3 f. *In meiner ganzen Schattierung, aus der ...:* unter allen meinen Farben, mit denen ...

45,7 f. *aus diesem Kapitel:* nach diesem Kapitel des Strafgesetzbuches.

45,8 *rädern:* eine bei den Römern und im Spätmittelalter gebräuchliche Todesstrafe, bei der dem Verbrecher die Glieder mit einem Rad (oder einer Keule) zerschlagen wurden. Vielfach wurde der noch Lebende mit gebrochenen Gliedern in die Speichen eines Rades geflochten und öffentlich zur Schau gestellt.
pfählen: mittelalterliche Todesstrafe, bei der dem Verbrecher ein spitzer Pfahl durchs Herz getrieben wurde.

45,21 f. *Ihr nehmt die Sache zu hoch:* Ihr nehmt die Sache zu wichtig.

45,23 *Instruktion:* lat., Vorschrift, amtliche Anweisung; lat. instructio.

45,25 f. *Bestallung:* Amt, Stellung.

45,30 *herumziehen:* hinhalten, mit Versprechungen vertrösten.

46,3 f. *ich werde ihm mit der besten Art Platz machen:* Margarete dankte in Wirklichkeit erst nach der Ankunft Albas und der Verhaftung Egmonts und des Grafen Hoorn ab. Vgl. Kap. II.

46,7 *wer's hergebracht hat:* wer es als hergebracht betrachtet, wer es gewohnt ist.

Klärchens Wohnung

46,27 *Langen:* verlangen, sich sehnen.

46,34 *das Heiopopeia:* Kehrreim eines alten Schlafliedes, hier abschätzig auf das ganze Lied Klärchens bezogen.

47,12 *Dran vorzudenken:* vorher daran zu denken.

47,39 *Wie seid Ihr heute so kalt!:* Klärchen wechselt vom ›du‹ zum ›Ihr‹ über, als Zeichen ihrer Unzufriedenheit mit Egmonts kühlem Verhalten.

48,1 *Wochenkind:* Wickelkind, Baby.

48,6 *kaut seinen Anschlag reif:* macht ruhig seinen Plan; bezieht sich auf das ruhige Wiederkäuen der Kühe.

48,20 *Ihr verderbt Euch:* Ergänze ›Eure Kleider‹.

48,23 *spanisch zu kommen:* nach spanischer Mode gekleidet zu kommen.

48,24 *zeither:* die Zeit her. Gemeint ist die Dauer eines bestimmten Zeitabschnitts. Mit ›seither‹ wohl keine sprachl. Verwandtschaft.

48,31 *Großmeister des Ordens:* Philipp II.; vgl. Anm. zu 16,36.

48,31 f. *Kapitel der Ritter:* Vgl. Anm. zu 8,29.

48,35 *Passementarbeit:* aufgesetzte Borten, Tressen; frz. passement, ›Borte, Besatz‹.

48,40 *was man mit Müh und Fleiß verdient:* Das Motto des Ordens vom Goldenen Vlies war »Pretium laborum non vile« (Kein geringer Preis der Mühen).

49,11 *Hast du das von dir abgenommen?:* ›abnehmen‹ in der Bedeutung ›schließen von‹ schon bei Luther; im 19. Jh. noch soviel wie ›entnehmen, verstehen, einsehen‹.

49,29 *einen kleinen Hinterhalt:* einen kleinen Hintergedanken, eine kleine Heimlichkeit.

49,32 *in den Kredit gesetzt:* den Ruf erworben; lat. creditum, ›Darlehen, Schuld‹.

50,3 *Nähterinnen:* veraltet für ›Näherinnen‹.

50,8–10 *ein Bärtchen auf der Oberlippe ... Amazone!:* Goethe charakterisiert Margarete hier ganz nach seinem Gewährsmann Strada. Vgl. Kap. III.

50,9 *Podagra:* Fußgicht; aus dem Griech. ins Mlat. u. Mhd. übernommen.

50,10 *Amazone:* Mannweib; nach dem kriegerischen, nur aus Frauen bestehenden Volk der griechischen Sage. Vgl. Heinrich von Kleists Drama »Penthesilea«.

50,30 ff. *Jener Egmont ist ein verdrießlicher ...:* Vgl. Goethes Brief über seine eigenen beiden Naturen an seine Vertraute, Auguste von Stolberg (1753–1835) vom 13. Februar 1775:

»Wenn Sie sich, meine liebe, einen Goethe vorstellen können, der im galonierten Rock, sonst von Kopf zu Fuße auch in leidlich konsistenter Galanterie, umleuchtet vom unbedeutenden Prachtglanze der Wandleuchter und Kronenleuchter, mitten unter allerlei Leuten, von ein Paar schönen Augen am Spieltische gehalten wird, der in abwechselnder Zerstreuung aus der Gesellschaft, ins Konzert, und von da auf den Ball getrieben wird, und mit allem Interesse des Leichtsinns, einer niedlichen Blondine den Hof macht; so haben Sie den gegenwärtigen Faßnachts Goethe, der Ihnen neulich einige dumpfe tiefe Gefühle vorstolperte, der nicht an Sie schreiben mag, der Sie auch manchmal vergißt, weil er sich in Ihrer Gegenwart ganz unausstehlich fühlt.

Aber nun gibts noch einen, den im grauen Biberfrack mit dem braunseidnen Halstuch und Stiefeln, der in der streichenden Februarluft schon den Frühling ahndet, dem nun bald seine liebe weite Welt wieder geöffnet wird, der immer in sich lebend, strebend und arbeitend, bald die unschuldigen Gefühle der Jugend in kleinen Gedichten, das kräftige Gewürze des Lebens in mancherlei Dramas, die Gestalten seiner Freunde und seiner Gegenden und seines geliebten Hausrats mit Kreide auf grauem Papier, nach seiner Maße auszudrücken sucht, weder rechts noch links fragt: was von dem gehalten werde was er machte? weil er arbeitend immer gleich eine Stufe höher steigt, weil er nach keinem Ideale springen, sondern seine Gefühle sich zu Fähigkeiten, kämpfend und spielend, entwickeln lassen will. Das ist der, dem Sie nicht aus dem Sinne kommen, der auf einmal am frühen Morgen einen Beruf fühlt Ihnen zu schreiben, dessen größte Glückseligkeit ist mit den besten Menschen seiner Zeit zu leben.«

Vierter Aufzug

Straße

Zwischen dem dritten und vierten Aufzug liegen einige Wochen, denn unmittelbar vor seinem Besuch bei Klärchen (47,17) hört Egmont von Oranien, daß Alba unterwegs sei (39,29). Im vierten Aufzug ist er da und hat bereits die Stadt unter Kontrolle gebracht.

52,24 f. *bei dem besonders niedergesetzten Gerichte:* bezieht sich auf den von Alba eingesetzten ›Rat der Unruhen‹ oder ›Zwölferrat‹, der allgemein ›Blutrat‹ genannt wurde, gegen dessen Urteile es keine Berufung auf höhere Instanzen gab. Hier wurde besonders über Fälle von Hochverrat, Teilnahme an Unruhen und Ketzerei verhandelt. Vgl. Kap. II.

52,28 f. *noch ... einige Kränkung:* ›einige‹ nach Negation für ›irgendeine‹.

52,36 *eine andre Art von Krebsen:* volkstümliche Redewendung; vgl. das plattdt. Sprichwort: Dat is 'n anner Ort Krevt, säd' de Düwel, dor härr he sin Grotmoder in de Rüs (Reuse) fangen (Petsch, Festausgabe).

53,7 *Zuchtmeister:* in der Bedeutung von ›Kerkermeister, Verwalter eines Zuchthauses‹ bis zum Anfang des 19. Jh.s gebräuchlich.

53,8 *Miliz:* lat., Bürgerwehr, Volksheer; lat. militia, ›Kriegsdienst, -macht‹.

53,13 f. *anschlägt:* das Gewehr anlegt.

53,23 *Die Regentin ist weg:* In Wirklichkeit verließ die Regentin Brüssel am 30. Dezember 1567, vier Monate nach der Ankunft Albas. Vgl. Anm. zu 39,29.

54,3 *fürbaß:* weiter fort, weiter; mhd. vürbaz. Im 19. Jh. nur noch spärlich und mit altertümlichem Anstrich im Gebrauch (Grimm).

54,5 f. *zu Komplimenten:* frz., zu höflichen Formeln, Schmeicheleien.

54,15 *Motion:* lat., Bewegung; lat. motio, ›Gemütserregung‹.

54,26 *unsere Zeit recht nehmen:* unsere Zeit recht anwenden.

54,38 *eine Schneiderader:* Im Volksglauben gelten die Schneider als besonders furchtsam und feige.

55,19 *Hast du nie einen sich schneuzen gesehn?:* Hast du nie eine Sternschnuppe gesehen?
55,35 *den Inquisiten:* lat., den Angeklagten; von lat. inquisitus, ›untersucht, verhört‹.
55,37 *Kommissarius:* lat., Beauftragter, Richter.
55,39 *zum Schelmen verhört hatte:* so verhört hatte, daß er schuldig schien. Zu *Schelmen* vgl. Anm. zu 9,2.
56,3 *Spatzenkopf:* Dummkopf, jemand mit einem Spatzenhirn; frankfurtisch.
56,8 *Inquisitor:* lat., Untersuchungsrichter.
56,11 *läßt sich ... betreten:* läßt sich ... dabei erwischen, ertappen.
56,20 f. *strohlumpenen Vogelscheu:* Vogelscheuche aus Stroh und Lumpen. ›Vogelscheu‹ wurde erst im 19. Jh. durch ›Vogelscheuche‹ verdrängt.
56,22 *in effigie hängen:* lat., im Bilde hängen. Es war Brauch, eine Strohpuppe mit Namensaufschrift an den Galgen zu hängen, wenn man des Verbrechers selbst nicht habhaft werden konnte.
56,38–40 *Ein paar meiner guten Freunde ... verabschiedet:* Vgl. Egmonts Entscheidung bezüglich der bei Wervicq (Verwich) Festgenommenen (32,8 f.).
57,1 *eine Runde:* Patrouille, Wache; frz. ronde.
57,6 f. *ausgepichte Wölfe:* hartgesottene Bösewichte; auspichen = das Innere eines Fasses mit Pech verschmieren, um es wasserdicht zu machen.

Der Culenburgische Palast

57,8 *Der Culenburgische Palast:* Alba wohnte bis zur Abreise der Regentin im Hause des Grafen von Kuilemburg, wo die Geusen ihre ersten Versammlungen abgehalten hatten.
57,18 *Kordon:* frz., Postenkette, Absperrung.
57,28 *Räsonieren:* frz., lärmend reden, schimpfen; frz. raisonner, ›urteilen, einwenden‹.
57,33 *Branntweinzeichen:* Schild als Kennzeichen, was im Lokal zu haben ist.
58,2 f. *die Franzosen, Königlichen und Ketzer ...:* Der französische König Karl IX. (1560–74) hatte eine Armee *(die Königlichen)* ausgeschickt, um Alba zu beobachten

und einen Konflikt zwischen den Spaniern und den Hugenotten *(Ketzern)* unter dem Admiral Coligny und dem Prinzen Condé zu vermeiden. Die *Verbundenen* der Schweizer waren die Genfer und Graubündner, die damals noch nicht zur Eidgenossenschaft gehörten.

58,20 *Glaubst du, daß der König kommt?:* Philipp II. hatte wahrscheinlich nie die Absicht, in die Niederlande zu reisen, erhielt aber den Eindruck seiner unmittelbar bevorstehenden Abreise aufrecht, um das Land bis zur Ankunft Albas ruhigzuhalten. Vgl. Kap. II.

59,1 *Galerie:* frz., hier wohl in der Bedeutung ›Säulenhalle‹; sonst auch ›Kunstsammlung‹ oder ›oberster Theaterrang‹.

59,16 *fahen:* fangen; mhd. vāhen. Noch Luther schrieb meist ›fahen‹ (Kluge), während sich seit etwa 1663 (Schottel) ›fangen‹ durchsetzte. Das durch grammat. Wechsel urspr. nur im Prät. u. Part. Perf. stehende ›g‹ drang bereits im Altfries. u. Altnord. in das Präs. ein.

59,30 *Ich stelle sie:* Ich fange sie, bringe sie zur Strecke (Jagdausdruck).

59,31 *politisch:* im älteren Sinne von ›diplomatisch, klug‹.

60,1 f. *Das Glück ist eigensinnig:* Vgl. Silvas Worte vor dem Auftreten Albas und Ferdinands vom *Eigensinn des Schicksals* (60, 19 f.).

60,23 *Es hat sich alles gegeben:* Es ist alles ruhig geworden.

61,21 f. *auszulegen:* zu erklären, auseinanderzusetzen.

61,31 *deine Brüder:* Albas legitime Söhne.

62,15 *Er kommt nicht:* In Wirklichkeit hatte Oranien, der durch seine Spione über Albas Absichten gut informiert war, bereits mehrere Monate vor Albas Eintreffen seine Ämter niedergelegt und sich auf seine Güter nach Deutschland begeben. Vgl. Kap. II.

62,18 *böser Genius:* böser Geist. – »Die Vorstellung von zwei Genien des Menschen, einem guten und bösen G., rührt von den Griechen her; der Volksglaube verband mit dem Begriff des G. stets die Vorstellung eines guten, fördernden Wesens, [...] das bei Erzeugung und Geburt des einzelnen Menschen mitwirkt, sein Wesen bestimmt, ihn als Schutzgeist durchs Leben begleitet und noch nach dem Tode in den Laren [...] fortlebt« (nach Meyer: Konversations-Lexikon, Bd. 7, S. 569).

62,25 *Seigers:* Zeigers; von mhd. sîhen, sîgen, ›fallen, sinken‹, was sich urspr. auf die Sand- oder Wasseruhr bezog und dann auf die Zeigeruhr übertragen wurde.

62,39 f. *wie in einen Lostopf ... Zukunft:* Vgl. Schiller, »Wallensteins Tod«, I, 4: »Nicht ohne Schauder greift des Menschen Hand in des Geschicks geheimnisvolle Urne.«

63,3–6 *Trug dich dein Pferd ...:* Bezug auf den weitverbreiteten Aberglauben, daß Pferde Unglück und Tod ihres Besitzers vorausahnen. In Goethes »Götz von Berlichingen« scheut Weislingens Pferd auf der Brücke zum Bamberger Schloß (II, Bamberg. Zimmer der Adelheid).

63,30 *befriedigen:* seltene Nebenform zu ›befrieden‹.

64,5 *vergessen sein:* vergeßlich sein; adj. Bedeutung des Part. Perf.

64,25 *Generalpardon:* frz., allgemeine Amnestie für politische Verbrechen; frz. pardon, ›Verzeihung‹.

65,3 *abzulehnen:* zu parieren (Fechtersprache).

65,6 *Glaubst du, daß ...:* Egmont geht zum ›du‹ über, weil er sich in einem vertraulichen Gespräch begriffen glaubt.

65,8 f. *werden ... ihre Kinder und Freunde flüchten:* werden ... in Sicherheit bringen; trans. Gebrauch von ›flüchten‹.

65,9 f. *der Arme ... zubringen:* Tausende von Niederländern flohen in das benachbarte Deutschland oder nach England, wo sie wegen ihres Fleißes geschätzt waren.

65,15 *Einem großen Übel zusehen:* Alba spielt in beleidigender Weise auf Egmonts Verhalten an. Seiner Ansicht nach war Egmont den Bilderstürmern nicht streng genug entgegengetreten.

65,17 *Fastnachtsspiel:* aus germanisch-heidnischen Fruchtbarkeitsriten entstandene schwankhafte, volkstümliche Spiele; ausgelassene kostümierte Umzüge zur Fastnachtszeit, in die kurze mimische, z. T. äußerst derbe Szenen eingestreut waren, in denen es auch oft zu Prügeleien kam.

65,30 f. *sich Meister ... zu machen:* ›Meister‹ in bezug auf Gewalt, Herrschaft häufig ohne Artikel; vgl. ›er ist nicht mehr Meister (Herr) seiner Sinne‹.

66,3 *ein doppeltes Joch:* politische und religiöse Unterdrückung.

66,22 *dem Volke, das ... altert:* die Höflinge, wobei Alba mitgemeint ist.
altert: klüger, weise wird; hier ironisch gemeint.
66,32 *hangend:* Nebenform zu ›hängend‹, mundartlich u. poet.
67,10 *Teilnehmung:* Anteilnahme.
69,12 f. *ob er sich vor dem Beile ducken soll:* d. h. vor dem Beile des Henkers: ob er sich enthaupten lassen soll. Nichtsahnend charakterisiert Egmont sein eigenes Schicksal.
69,32 *Glücklich hat dich der Zufall:* glücklicherweise, zu deinem Glück ...
70,18 f. *Er hat weit öfter ... beschützt:* Der Schluß dieser Szene ist in enger Anlehnung an Strada gestaltet. Dort sagt Egmont: »Habe ich doch oft mit diesem Schwert des Königs Sache nicht ohne Erfolg verfochten.« Vgl. Kap. III.
70,21 *ingleichen:* veraltet, aus der Kanzleisprache übernommen.

Fünfter Aufzug

Straße

71,22 f. *Hier kommen von ... Männern!:* Gallizismus Goethes; Nachbildung des frz. Gen. part. Vgl. Anm. zu 21,7.
71,32 *Quartier:* frz., Stadtteil, -viertel.
72,26 *Er kommt von Gent!:* Nach den Siegen von St. Quentin und Gravelingen zog Egmont über Gent nach Brüssel. Klärchens Worte erinnern an die Schilderung der Begrüßung des Pompejus durch das Volk in Shakespeares »Julius Cäsar«, I, 1.
73,7 *Busen:* noch im 19. Jh. allgem. für ›Brust‹; am längsten erhalten in dichterischer Sprache.
73,35 f. *gescharrt und genickt:* mit den Füßen gescharrt und mit den Köpfen genickt, um ihm Beifall zu spenden.
74,3 f. *Du ... kennst das alte Schloß:* Hier in Goethes Drama ist der Kuilemburgische Palast gemeint. In Wirklichkeit war Egmonts und Graf Hoorns Gefängnis unmittelbar vor ihrer Hinrichtung das sogenannte »Broothuis« in Brüssel. Die Hinrichtung fand auf dem Marktplatz davor statt.
74,5 *Anschlag:* Plan, Idee zur Befreiung Egmonts.

74,11 *Hier sind wir beide toll:* Ergänze ›wenn wir glauben, Egmont befreien zu können‹.

Gefängnis

Die Szene spielt wahrscheinlich am Abend desselben Tages; vgl. Anm. zu 74,3 f. *Du ... kennst das alte Schloß.*

75,2 *Myrtenkranz:* klassisches Symbol der Liebe. Der Myrtenkranz wurde seit dem 16. Jh. in Deutschland als Brautschmuck verwandt.

75,6 *knirrend:* 16. Jh. vom selben Wortstamm wie ›knarren‹ und ›knurren‹, einen helleren Ton bezeichnend; Weiterbildung ›knirschen‹, aus ›knirsen‹ entstanden.

75,7 *innerst:* seltener adverbialer Gebrauch des Superlativs von ›inne‹; Komparativ ›inner‹; vgl. die Substantivierung ›das Innere‹.

75,9 f. *es ist der Klang der Mordaxt, die an meiner Wurzel nascht:* Vgl. die letzte Szene von Goethes »Götz von Berlichingen«: »meine Wurzeln sind abgehauen, meine Kraft sinkt nach dem Grabe.« Zu beiden vgl. Matth. 3, 10: »Es ist schon die Axt den Bäumen an die Wurzel gelegt.«

75,33 f. *dem erdgebornen Riesen gleich:* Antäos, der Sohn des Poseidon und der Gäa, der Mutter der Erde. Da er aus der Berührung mit der Erde immer neue Kraft gewann, konnte ihn Herkules nur besiegen, indem er ihn hochhob und erstickte.

75,35 f. *die Menschheit ganz:* den ganzen Zauber des Menschseins (Petsch).

76,6 f. *Versagt es dir ... zu gönnen:* Versagt es dir, dir ... zu gönnen; gönnt es dir nicht ...

76,9 *starrt:* ist starr.

76,12 O *Sorge! Sorge!:* Vgl. das Auftreten der personifizierten Sorge in Goethes »Faust«, Zweiter Teil, V, Mitternacht.

76,18 *ein glänzend Feuerbild der Nacht:* ein Meteor.

76,29 f. *Und steigt zu meiner Rettung nicht ein Engel nieder:* Anspielung auf Apg. 5,19: »Aber der Engel des Herrn tat in der Nacht die Türen des Gefängnisses auf und führte sie [die Apostel] heraus und sprach ...« und 12,7: »Und siehe, der Engel des Herrn kam daher, und

Brackenburg (Charles Brauer) und Klärchen (Ruth Niehaus) in der »Egmont«-Inszenierung des Deutschen Schauspielhauses, Hamburg, 1967 (Foto: Rosemarie Clausen)

ein Licht schien in dem Gemach; und er schlug Petrus an die Seite und weckte ihn und sprach: Stehe behende auf! Und die Ketten fielen ihm von seinen Händen.«

Klärchens Haus

77,9 *fordern:* vor seine Schranken fordern, vorladen.

77,15 f. *den allgemein Erkannten:* den allgemein Anerkannten, den Liebling des Volkes.

77,16 ff. O *Egmont . . .:* Im folgenden spricht Klärchen in jambischen Versen verschiedener Länge.

77,23 f. *dir bin ich zu nichts:* d. h. zu nichts nütze, keine Hilfe.

78,8 ff. *Er war der reiche Mann . . .:* Vgl. 2. Sam. 12,1 ff., Nathans Bußpredigt gegen David.

78,28 *zerknirschen:* vernichten.

78,30 *den seligen Gefilden:* nach der Auffassung des griechischen Altertums der Ort, wo die glücklichen Seelen nach dem Tode weilen.

79,13 f. *diese Hülle:* die schützende Hülle der Nacht.

79,18 *knirscht . . . hinunter:* verschlingt knirschend.

79,19 f. *den sie zum Zeugen ihrer Wut geschändet:* durch die Aufrichtung eines Kruzifixes neben dem Schafott.

79,28 *dies Fläschchen:* Vgl. die letzten Worte Brackenburgs am Ende des ersten Aufzugs.

80,25 f. *was du rührst:* woran du rührst, woran du mich erinnerst.

80,33 *die Tiefe:* den Tod, die Nacht.

80,36 *den Vorhang:* den Schleier des Vergessens, der ihr die Wirklichkeit von Egmonts bevorstehender Hinrichtung zeitweilig verbarg.

81,1 f. *das entweihte Gottesbild:* Vgl. Anm. zu 79,19 f. *den sie zum Zeugen ihrer Wut geschändet.*

81,17 *Sie läßt mich:* sie verläßt mich.

81,18 ff. *O könnte eine Menschenseele fühlen . . .:* Brackenburgs Rede besteht mit geringfügigen Abweichungen aus fünffüßigen Jamben.

81,25 f. *der Kranz des Siegs aus ihrer Hand:* Vgl. die Traumerscheinung in der folgenden Szene (89,34–90,3).

Gefängnis

82,34 *Heinrich Grafen Egmont:* Goethe hat Egmonts historischen Vornamen Lamoral in Heinrich geändert, genau wie Fausts Vornamen Johann.

83,5 *Gerichts der Zwölfe:* Vgl. Anm. zu 52,24 und Kap. II.

83,30 *mich hat der Eingebildete beneidet:* Die folgenden Beispiele für Neid und Rivalität zwischen Egmont und Alba beruhen auf den Quellenberichten von Strada. Vgl. Kap. III.

83,35 *die Ärgernis:* manchmal fem.

84,20 *Ansehn:* entsprechend dem Verbum ›ansehen‹ im 18. Jh. vielfach in der Bedeutung von ›Aussehen‹ gebraucht.

85,6 *eines willkürlichen Todes:* eines durch (Albas) Willkür verhängten Todes.

86,14 *ich regiere mich nicht:* ich kann mich nicht beherrschen.

86,35 f. *die Wege verrennt:* die Wege (durch Dazwischenlaufen) versperrt. *verrennt:* mundartlich für ›verrannt‹, vgl. auch Anm. zu 7,23.

87,11 *Schöne:* Mhd. schoene, schone wurde im Nhd. durch ›Schönheit‹ verdrängt, im 18. Jh. durch Klopstock neu belebt, war aber auf die gehobene, feierliche Sprache beschränkt.

88,30 *Er ist dir vorangegangen:* Egmonts Sekretär, der in Wirklichkeit Johann Casembrot von Beckerzeel hieß, wurde vor seiner Hinrichtung sogar gefoltert.

88,39 f. *Ich kenne ein Mädchen ...:* Vgl. in Kap. IV die Kritik von Goethes Weimarer »Freundinnen«, von der er in der »Italienischen Reise« (Rom, Dezember 1787 [Bericht]) schreibt.

89,26 ff. *Süßer Schlaf! ...:* Vgl. Goethes Benutzung des Heilschlafs in »Iphigenie«, III, 2 (Orest) und »Faust«, Zweiter Teil, I, Anmutige Gegend.

89,30 *in gefälligen Wahnsinn:* in Träume, Traumphantasien.

II. Die geschichtlichen Ereignisse

Lamoral Graf von Egmont und Prinz von Gaure wurde am 18. November 1522 als Mitglied eines der ältesten und einflußreichsten Adelshäuser der Niederlande geboren. In seiner frühen Jugend diente er als Page Kaiser Karl V. (1519 bis 1556) und focht schon im Alter von 19 Jahren an der Seite des Kaisers in Algerien. Im Jahre 1545 verheiratete er sich in Gegenwart Karls V. mit Sabine von Bayern, der Schwester des Kurfürsten Friedrich III. von der Pfalz, und 1546 zeichnete ihn der Kaiser durch die Aufnahme in den Orden des Goldenen Vlieses aus. Acht Jahre später bekam er den ehrenvollen Auftrag, als Führer einer Gesandtschaft nach England zu reisen und für Philipp, den Sohn und späteren Nachfolger Karls V. in Spanien und den Niederlanden, um die Hand Maria Tudors zu werben.
Egmonts Stern schien weiterhin zu steigen, auch nachdem Karl V. 1555 zugunsten seines Sohnes Philipp II. abdankte. Er bewies seine ausgesprochen soldatischen Qualitäten als Feldherr in zwei glänzenden Siegen über die Franzosen bei St. Quentin (10. August 1557) und Gravelingen (13. Juli 1558), Siege, die vor allem seiner draufgängerischen Tapferkeit zu verdanken waren. Sie machten ihn zum populären Volkshelden und schienen ihm die Dankbarkeit und Gunst des Königs zu sichern. Als Philipp II. 1559 die Niederlande verließ, um sein Reich von Spanien aus zu regieren, durfte sich Egmont berechtigte Hoffnungen machen, mit der Generalstatthalterschaft, der Regentschaft der niederländischen Provinzen, betraut zu werden.
Egmonts Rivale für dieses Amt war Wilhelm von Oranien (1533–84), genannt ›der Schweiger‹, der reiche Besitzungen im Rheinland und in den Niederlanden besaß und wie Egmont hoch in der Gunst Karls V. gestanden hatte. Egmont und Oranien waren charakterlich ausgesprochene Gegensätze: Egmont war ein leichtlebiger, offenherziger Soldat, der sich von der Volksgunst getragen wußte und der Gerechtigkeit des Königs vertraute, Oranien ein abwägender Politiker, der durch Spione am spanischen Hof über jede Bewegung des Königs informiert war und sich mißtrauisch nur auf seine klügelnde Vernunft verließ.

Lamoral Prinz von Gaure, Graf von Egmont, Statthalter von Flandern und Artois (Brüssel, Prentenkabinet)

Philipp enttäuschte beide, indem er seine Halbschwester, die Herzogin Margarete von Parma (1522–86), zur Regentin machte, deren Mutter zwar aus den Niederlanden stammte, die aber durch zwei Ehen mit italienischen Fürsten (Alexander von Medici und Ottavio Farnese) mehr im italienischen Hofleben als in den niederländischen Provinzen zu Hause war. Darüber hinaus waren ihre Vollmachten äußerst eingeschränkt, und ihr zur Seite stand der bei den Niederländern verhaßte Bischof von Arras, Antoine Perrenot de Granvelle (= Granvella; 1517–86), der bald darauf zum Kardinal erhoben wurde. Egmont mußte sich mit der Statthalterschaft von Artois und Flandern begnügen, während Oranien Holland, Seeland und Utrecht zugewiesen bekam.

Die Regierung bekam bald die Opposition des hohen und niederen Adels und des Bürgertums zu spüren. Die Kritik richtete sich vor allem gegen den Verbleib spanischer Truppen in den Niederlanden und gegen die scharfe Anwendung von Inquisitionsgesetzen, die zwar schon unter Karl V. erlassen, aber nicht in voller Strenge angewandt worden waren. Jetzt wurde zu diesem Zweck die Zahl der Bistümer von vier auf achtzehn erhöht, und Granvella erwies sich als besonders eifriger Ketzerverfolger. Im März 1563 verlangten Egmont, Oranien, Graf Hoorn und andere unzufriedene hohe Adelige von Philipp die Abberufung des verhaßten Kardinals, aber erst nach erneuten Vorstellungen und nachdem die Regentin selbst ihren Einfluß mit in die Waagschale geworfen hatte, wurde Granvella zurückgerufen.

Es stellte sich jedoch heraus, daß sich mit der Entfernung des Kardinals wenig geändert hatte. Im Gegenteil, Philipp verlangte die strenge Anwendung der vom Konzil von Trient (1545–63) erlassenen Ketzergesetze in den Niederlanden. So wurde Egmont 1565 nach Spanien geschickt, um die Sache der niederländischen Adeligen und der Regentin vor Philipp zu vertreten und eine Milderung der Ketzergesetze zu erwirken. Mit Schmeicheleien, Geschenken und vagen Versprechungen kehrte er nach Brüssel zurück und mußte feststellen, daß er nichts erreicht hatte. Die Inquisitionsgesetze wurden weiterhin angewandt, und die Opposition gegen die Regierung wurde infolgedessen stärker: Am 5. April 1566 überreichte eine Adelsdelegation der Regentin

im Brüsseler Schloß eine Liste mit Forderungen, wobei ihr der spanischgesinnte Graf Barlaimont zuflüsterte, sie solle sich doch vor einem Haufen Bettler (»tas de geux«) nicht fürchten, was anläßlich eines Adelsbanketts in Brüssel zur stolz getragenen Selbstbezeichnung ›Geusen‹ führte.
Die Unruhen im ganzen Lande nahmen zu. Mehr und mehr offene Feldpredigten wurden gehalten und verbotene Psalmen gesungen. Es waren vor allem die aus Frankreich kommenden kalvinistischen Prediger, die beim Volk Gehör fanden, während das aus Deutschland eindringende Luthertum eher beim gehobenen Bürgertum und Adel Anhänger fand. Endlich kam es zu wilden Ausbrüchen des Bildersturms: Am 14. August 1566 wurden die Kirchen von St. Omer verwüstet und wenig später die in Ypern, Courtray, Valenciennes, Tournay und schließlich auch die Kathedrale von Antwerpen (16./17. August).
Diese unkontrollierten Gewaltakte brachten alle Vertreter der Ordnung, die Statthalterin wie den Adel, zusammen. Sowohl Egmont als auch Oranien unterdrückten in den von ihnen verwalteten Provinzen die Unruhen mit militärischer Gewalt und stellten Ruhe und Ordnung wieder her. Margarete versprach den Führern des Geusenbundes im ersten Schrecken (am 25. August 1566) Amnestie für alle Teilnehmer an früheren Demonstrationen, Aufhebung der Inquisition und sogar eine beschränkte Religionsfreiheit. Philipp II. war jedoch zu derartigen Konzessionen nicht bereit, sondern sah vielmehr in den Ausbrüchen des Bildersturms eine Handhabe, mittels energischer Gewaltmaßnahmen die Ketzerei auszurotten. Zu diesem Zwecke bereitete er insgeheim eine militärische Invasion und Verwaltung der Niederlande unter Don Fernando Alvarez de Toledo, Herzog von Alba (1507–82), vor und suchte das Land mit dem Versprechen seiner eigenen baldigen Ankunft bis zu Albas Eintreffen ruhig zu halten. Der Herzog, mit höchsten Vollmachten und unterschriebenen Todesurteilen für verdächtige Adelige versehen, schiffte sich am 10. Mai 1567 in Cartagena ein und segelte nach Genua. Seine kleine, aber auserlesene Armee wurde in Italien noch verstärkt, und er führte sie in vorbildlicher Ordnung über den Mont Cenis durch Savoyen, Burgund und Lothringen in die Niederlande. Am 22. August 1567 traf Alba in Brüssel ein, begleitet von Egmont

und mehreren anderen Adeligen, die ihm zur Begrüßung entgegengeritten waren.

Wilhelm von Oranien war durch seine Spione am spanischen Hof nicht nur von Philipps Plan unterrichtet, Alba mit einer Armee in die Niederlande zu schicken, sondern auch von seiner Absicht, die Häupter der Adelsopposition gefangenzunehmen und hinrichten zu lassen. Am 3. Oktober 1566 teilte er seine Befürchtungen Egmont, Hoorn und anderen Adeligen mit, fand aber keinen Glauben. Als die Regentin kurz darauf von allen einflußreichen Personen einen neuen, stärker bindenden Loyalitätseid verlangte, legte er seine Ämter nieder und zog sich auf seine deutschen Besitzungen in Dillenburg zurück. Am 2. April 1567 trafen sich Egmont und Oranien zum letztenmal in einem Dorf namens Willebroek, wo Oranien den Grafen nochmals beschwor, nach seinem eigenen Beispiel die Flucht zu ergreifen. Im Vertrauen auf die gerechte Gesinnung des Königs, aber auch aus Furcht, im Exil für seine große Familie keinen standesgemäßen Lebensunterhalt schaffen zu können – der nun fast 45jährige Egmont war Vater von elf Kindern –, blieb Egmont in den Niederlanden zurück.

Der Herzog von Alba gehörte einem der glänzendsten spanischen Adelshäuser an. Er war mit ganzer Seele Soldat, zu seiner Zeit zweifellos einer der fähigsten Generäle Europas. Nachdem er schon in der Gunst Karls V. gestanden hatte, fand auch dessen Sohn Philipp einen ihm geistig verwandten, verschlossenen, kaltblütigen General in ihm, ganz wie er ihn brauchte, zumal Alba auch die unbeugsame Glaubensüberzeugung des Königs teilte. Albas Verhältnis zu Egmont war seit jeher gespannt, was auf persönlicher Rivalität nicht nur um die Gunst Karls V., sondern auch auf dem Schlachtfeld beruhte: Alba hatte bei Gravelingen gegen einen Angriff geraten und nach dem Sieg Egmonts erfolgreiche Reiterattacke als tollkühn kritisiert.

Nach seiner Ankunft in den Niederlanden begegnete Alba Egmont zunächst mit verstellter Freundlichkeit, so daß dieser selbst eine ihm von Albas illegitimem Sohn Don Fernando zugeflüsterte Warnung in den Wind schlug. Am 9. September 1567 wurden Egmont und Hoorn zu einer Besprechung zu Alba geladen und nach scheinbar freundschaftlicher Unterhaltung verhaftet, während gleichzeitig

auch Egmonts Sekretär sowie einige andere wichtige Personen festgenommen wurden. Nicht nur das niederländische Volk, sondern auch Margarete von Parma war über Albas Politik der Gewalt entrüstet: Die Regentin legte ihr Amt nieder und verließ am 30. Dezember 1567 Brüssel, um sich auf ihre Besitzungen in Parma zu begeben. Alba übernahm die Regentschaft, die er praktisch schon vorher ausgeübt hatte, und setzte einen allseits gefürchteten Gerichtshof ein, den ›Rat der Unruhen‹ oder ›Zwölferrat‹, der schnell als ›Blutrat‹ berüchtigt war und besonders Fälle von Hochverrat und Ketzerei richtete.
Egmont und Hoorn wurden zunächst einige Monate lang in Gent gefangengehalten. Mitte November 1567 begannen die Verhöre, und im Januar 1568 wurden sie mit einer Anklage wegen Hochverrats konfrontiert, die sie beide entrüstet zurückwiesen. Egmonts Frau, die mit ihren Kindern durch die Beschlagnahmung der Besitzungen ihres Mannes arm geworden war, wandte sich vergeblich an Philipp II., Alba, den Kaiser und zahlreiche Ritter des Goldenen Vlieses. Versuche Oraniens, mit militärischer Gewalt zu intervenieren, scheiterten. Am 2. Juni 1568 wurden Egmont und Hoorn zum Tode verurteilt, am folgenden Tage von Gent nach Brüssel gebracht und am 5. Juni 1568 auf dem Marktplatz zu Brüssel enthauptet.
Die Hinrichtung der beiden hohen Adeligen hatte genau den entgegengesetzten Effekt, als in der Absicht der Spanier lag: Entrüstung und Widerstand der Niederländer unter der Führung Wilhelms von Oranien stiegen. Der von Spanien nur unzureichend mit Geld für seine Truppen und für seine Unternehmungen versorgte Alba bat schließlich selbst um seine Entlassung und verließ die Niederlande am 18. Dezember 1573. 1579 schlossen sich die sieben nördlichen Provinzen, Geldern, Holland, Seeland, Utrecht, Friesland, Overijssel und Groningen, zur Utrechter Union zusammen. Sie sagten sich 1581 von Spanien los und übertrugen die erbliche Statthalterschaft von Holland und Seeland an Wilhelm von Oranien, der aber schon 1584 in Delft ermordet wurde. Erst nach langen Kriegen wurde im Westfälischen Frieden von 1648 die Unabhängigkeit der Vereinigten Niederlande anerkannt, die sich im 17. Jahrhundert ›Generalstaaten‹ nannten und durch Schiffbau und

Seefahrt schnell zu einer maritimen Großmacht entwickelten. Die südlichen Provinzen (Belgien) hielten am katholischen Glauben fest, verblieben zunächst bei Spanien, kamen 1714 an Österreich und wurden erst im 19. Jahrhundert als belgischer Staat endgültig selbständig.

III. Die Quellen

Goethe benutzte als Quellen für seinen *Egmont* vor allem zwei Werke älterer Geschichtsschreiber[1]:

1. Emanuel van Meteren (1535–1612): »HISTORIA, Oder Eigentliche vnd warhaffte Beschreibung aller fürnehmen Kriegshändel / Gedenckwürdigen Geschichten vnd Thaten / so sich in Niderlandt [. . .] zugetragen haben«. (Hier zitiert nach der deutschen Ausgabe: Arnheim 1604 = van Meteren);
2. Famianus Strada (1572–1649): »DE BELLO BELGICO«, und zwar nur die »DECAS PRIMA«, die bis zum Beginn der Statthalterschaft Alexander Farneses reicht (1578). (Hier zitiert nach der lat. Erstausgabe: Rom 1640 = Strada). Vgl. hierzu in Kap. IV Goethes Briefe an Charlotte von Stein vom 20. und 22. März 1782.

Während van Meteren als Niederländer die Ereignisse vom protestantischen Standpunkt aus berichtet, sind die Sympathien des Jesuiten Strada durchaus auf katholisch-spanischer Seite, ohne allerdings fanatisch-einseitig zu sein.
Die folgenden Zitate sollen zeigen, wie Goethe bei noch so großer Veränderung der historischen Fakten seinen Quellen z. T. wörtlich verpflichtet ist.

Strada, S. 47 f.: Beliebtheit Karls V.; Unbeliebtheit Philipps II. Vgl. »Egmont«, I, Armbrustschießen.

»Neque angi propterea Belgæ videbantur: quòd & Cæsaris animum introspiciebant in se præcipuè propensum, & contendere cum peregrina nobilitate referebant ad patriæ decus. At vbi aduênit ab Hispania Philippus, Hispanorum Procerum coronâ septus, ac domi forisque, vti aiebant, impenetrabilis; nimiâ eorum apud Regem gratiâ offendi paulatim Belgæ: inde in mores, quorum vbique retinens est Hispa-

1. Schiller benutzte bei der Abfassung seiner umfangreichen »Geschichte des Abfalls der vereinigten Niederlande von der spanischen Regierung« (zuerst 1788; zweite, erweiterte Ausgabe 1801) u. a. dieselben Quellen; vgl. auch Schillers 1789 in der »Thalia« (Heft 8) veröffentlichten Aufsatz »Des Grafen Lamoral von Egmont Leben und Tod«, für den van Meteren eine der Hauptquellen war.

norum natio, transferre odia: demum ab Rege ipso, quem Patris dissimilem indignabantur, sensim abalienari. Nam Cæsar aditu facilis alloquioque, priuatum in modum demittebat se, securus vbique Maiestatis suæ. Atque, vt erat versatili ad omnia pariter ingenio, mores exteros ita induebat, vt non minus cum Germanis Germanum ageret, Italumque cum Italis, aut cum Hispanis Hispanum; quàm Belgis suis se Belgam præstaret. Philippus contrà, & esse, & videri omnibus Hispanus: parcè loqui, nec nisi Hispanicè: publico libenter abstinere, & quasi ex abdito venerationem intendere: de vestitu, deque cetero cultu, quem attulerat ab Hispania, nihil immutare. Id verò commotis semel animis, superbia & contemptus habebatur: perinde quasi ea morum diuersitate ipsi fastidirentur.«

Übersetzung: »Und die Niederländer schienen darüber nicht beunruhigt zu sein, weil sie wußten, daß der Kaiser [Karl V.] eine besondere Vorliebe für sie besaß und weil sie es ihrem Vaterlande zur Ehre rechneten, sich mit dem ausländischen Adel zu messen. Aber sobald Philipp aus Spanien kam, von einer Schar spanischer Edler umgeben und innerhalb und außerhalb seines Palastes, wie sie sagten, unzugänglich, wurden die Niederländer allmählich dadurch beleidigt, daß die Spanier bei dem König in allzu großer Gnade standen. Als nächstes übertrugen sie ihre Abneigung auf die Sitten, an denen die spanische Nation überall festhält, und schließlich entfremdeten sie sich nach und nach vom König selbst, den sie wegen seiner Unähnlichkeit mit seinem Vater nicht mochten. Denn der Kaiser [Karl V.], der leicht zugänglich war und zu dem man ohne Schwierigkeiten sprechen konnte, ließ sich zu ihnen herab wie ein Privatmann, immer sicher im Gefühl seiner Majestät. Und wie er eine geschmeidige Art besaß, die sich gleichzeitig in jeder Richtung anpassen konnte, so nahm er auf diese Weise auch äußere Sitten an, so daß er sich bei den Deutschen nicht weniger als Deutscher benahm, bei Italienern als Italiener oder bei Spaniern als Spanier, als er sich seinen Niederländern gegenüber als Niederländer zeigte. Im Gegensatz dazu war und erschien Philipp allen als Spanier. Er sprach wenig, und wenn, dann nur spanisch; er zeigte sich nicht gern in der Öffentlichkeit und erhöhte sozusagen durch seine Zurückgezogenheit seine Würde. An seiner Kleidung und der übrigen Lebensweise, die er aus Spanien mitgebracht hatte, änderte er nichts. Dieses Verhalten aber wurde von den einmal erregten Gemütern für Überheblichkeit und Verachtung gehalten, als würden sie selbst gleichsam durch diese Verschiedenheit in den Sitten verschmäht.«

van Meteren, S. 27 f.: die Schlacht bei Gravelingen. Vgl. »Egmont«, I, Armbrustschießen.

»Dieser gestalt hat der Graff von Egmondt Anno 1558. den 13. Julij / die Frantzosen mit klugem muht angegriffen / vnd sein Kriegsvolck mit fürtrefflichen vñ kräfftigen worten vermant. Die Frantzosen / welche allein auff jhre gegenwehr bereyt stunden / entpfiengen sie dapffer / liessen jhr Geschütz vnder den Feindt abgehen / vnd theten dem Egmondt grossen schaden. Vnder anderen ward dem Egmondt sein Pferdt vnder jhm erschossen. Dañ er ruckt mit seinẽ Volck vnder sie / vnd wolt jhnen auff die haut. Also begab sichs das sie vnerschrocken wider einander fielen (insonderheit weil die platz auff dem Sand / vnd derhalben breyt vnd eben war) Hand gegen Hand / Mann gegẽ Mann / Pferdt / gegen Pferdt / in Schlachtordnung stritten: Dergleichen in langer zeit zuuor nie geschehen war. Aber die Burgundischen bekamen ein vnuersehenen vortheil durch etliche Engelländische vnd von der Königin darzu abgefertigte Schiffe / die von Doue / jhrem Volck den Paß zu befreyen / ab vnd zu führen / auch den Frantzosen die beut von Duynkercken verhinderten / vñ zu Wasser hinweg führeten. Aber als diese (welche doch den mehren theil klein Schiff / vnd vnder dem Vnder Admiral Malin waren) diesen streit auff dem Meer sahen / kam der Malin mit seinen kleinsten Schiffen / so nahe ans Landt / als er kondt / vnd schoß vnder die Frantzosen. Weil sie aber noch zimlich fern vom Lande waren / kondten sie sonderlich keinen grossen schaden thun / traffen auch selden / vnd schossen eben so bald vnder die Burgundischen / als Frantzosen / weil beyde Partheyen hart an einander waren. Jedoch verursachte diß / daß die Frantzosen den muht liessen sincken / vnd die Burgundische gehertzter wurden: Biß entlich die Frantzosische Reutter / jhre gefahr vermerckendt / anfiengen zu weichen / welche doch mehrtheils auß den Benden jhrer Ordnung / vnd Edeleut / vnd derhalben wol zu Pferdt gemuntiert / gewapffnet vñ geübt waren. Mit jhrem weichen aber wurden die Burgundische verursacht härter hinan zu dringen / jhren hauffen zu trenen / vnd also in die flucht zu treiben / erstlich jhre Reutter / vnd darnach auch daß Fußvolck / zu grosser Ehren aller Burgundier / insonderheit dern / so die leichte Pferdt brauchten / allermeist aber des Graffens von Egmond / welcher sich alda nicht allein als einen weisen vnd vorsichtigen / sonder auch als einen dapfferen / vnuerzagten vnd getrewen Mann erzeigte: [...].«

Strada, S. 150 f.: Ausbruch des Bildersturms. Vgl. »Egmont«, I, Palast der Regentin.

»Ergo peruigilio magnæ Dei Matris cælo illatæ, templorum depopulatio in Belgio cœpta est, initio sumpto ab inferiore Flandria, quæ intra Lisam fluuium, & occiduum mare protenditur. Hîc homines pauci ex infima hæreticorum plebe, quibus se prædonum manus immiscuerat, ad decretum facinori diem, bellum Superis moturi, non alio quàm impietatis suæ ductu, conueniunt. Arma illis baculi, secures, mallei, scalæ, funes, demoliendo quàm pugnando aptiora: pauci sclopis, gladijsque muniti. Hoc apparatu tamquam emissæ ob Orco Furiæ, in pagos vicosque circa Audomaropolim irrumpunt: sacrarum ædium, ac cœnobiorum aditus, si quos reperiunt occlusos, illicò frangunt: cultores subita vi consternatos fugant: aras euertunt, Cælitum signa deturbant, sacras Imagines discerpunt: quidquid Deo, Diuisque dicatum vident, disijciunt, proculcant, comminuunt. instantibus à tergo hæreticorum antesignanis, atque vt strenuè pergerent, ac vires omnes aduersùs idola profunderent, adhortantibus. Illi successu læti, & quoniam velitatio per agros prima successerat, proripiunt inde sese, atque vnanimi consensu Ipras conclamant. Nempe vrbem Caluinianis non infrequentem, & in quam, præter patrocinij spem, attrahebat illos odium aduersùs Episcopum Martinum Rithouium, virum egregiè pium doctumque, ijsque virtutibus iram hæreticorum promeritum. Quare rapido illuc cursu contendunt, aggregante passim sese in spem rapinarum egentissimo quoque. Atque vt niuium globus è montis fastigio præceps augescit nouo semper accessu niuium, inter quas deuoluitur inuoluiturque; sic isti nouis prædæ socijs se per viam addentibus, quo latiùs procedunt, eo maiori minaciorique agmine debacchantur. Quumque circum Ipras, per aliquot minores pagos volitassent, ipso Assumptæ Virginis die, apertis ab Iprensi populo portis, vrbem ingrediuntur, rectàque ad templum maximum, cursum intendentes, diuisis operis, alij scalis admonitis pictos templi parietes ac tabulas malleis baculisque corrumpunt: alij cancellos, subsellia, suggestum securibus perfringunt: alij prægrandes Christi Domini Sanctorumque statuas proiectis funibus è suis loculamentis affligunt ad terram: sacra alij vasa diripiunt, sacros codices comburunt, sacris vestibus aras denudant; idque tanta securitate, tam nullo Magistratuum Sacerdotumque respectu, vt missi illuc publico nomine, ac ciuitatis ære conducti viderentur. Quin etiam eodem furore succensâ Iprensis Episcopi bibliothecâ, ad reliqua procurrunt vrbis templa, atque cœnobia, repetuntque quæ ante patrauerant scelera, & quia feliciter euenerant, maiora superaddunt. [...] Postero die aliæ sacrilegorum cateruæ vel ex composito, vel capto ex ijs, quæ Audomaropoli perlata iam erant, exemplo, imposita Lisæ oppida Meninam, Cominæum, Virouiacum, aliaque prope Cortracum eodem impetu percurrunt, atque in templis sacra omnia, quæ tractim poterant, abripiunt: cetera ferro, aut igne disperdunt. Inde fluuium transgressi per Insulensem agrum sese effundunt, Insulensibus ipsis se ad prædam aggregantibus: direptoque opulento cœnobio, Marquettam vocant, lymphati furentesque pars Duacum, pars Seclinium properant.«

Übersetzung: »Also begann die Plünderung der Kirchen in den Niederlanden am Vorabend von Mariae Himmelfahrt. Der erste Angriff erfolgte in Niederflandern, das sich zwischen der Leye und dem Meer im Westen erstreckt. Hier versammelte sich an dem für die Schandtat festgesetzten Tag eine kleine Zahl des niedrigsten ketzerischen Pöbels, dem sich eine Anzahl gemeiner Räuber beigesellte, um dem Himmel den Krieg zu erklären, von nichts als Ruchlosigkeit getrieben. Ihre Waffen waren Stöcke, Äxte, Hämmer, Leitern und Seile, die eher zum Zerstören als zum Kämpfen geeignet waren; nur wenige waren mit Armbrüsten und Degen bewaffnet. Mit dieser Ausrüstung brachen sie wie von der Hölle entsandte Furien in die Marktflecken und Dörfer in der Umgebung von St. Omer ein. Wenn sie die Tore der Kirchen und Klöster verschlossen fanden, brachen sie sie auf. Die Bewohner, die durch diese plötzliche Gewalt bestürzt waren, vertrieben sie. Sie warfen die Altäre um, rissen die Statuen der Heiligen herab und zerhackten ihre Bilder. Was immer sie Gott und den Heiligen geweiht sahen, zerstörten sie, traten sie nieder, zertrümmerten sie auf Drängen der im Hintergrund stehenden Führer der Ketzer, die sie ermahnten, tüchtig fortzufahren und alle Kräfte gegen die heiligen Bilder einzusetzen. Voller Freude über diesen Erfolg und weil dieses erste Geplänkel auf dem Lande erfolgreich war, rannten sie von dort fort und begaben sich auf einmütigen Beschluß nach Ypern, der Stadt nämlich, in der es zahlreiche Kalvinisten gab und zu der sie, außer der Hoffnung auf Schutz, auch der Haß auf den Bischof Martin Rithove zog, einen ausnehmend frommen und gelehrten Mann, der sich durch eben diese Tugenden den Haß der Ketzer erworben hatte. Deshalb eilten sie mit großer Geschwindigkeit dorthin, während sich ihre Zahl überall durch Bettler und Landstreicher vermehrte, die sich Hoffnung auf Beute machten. Und wie ein von einem Berge herabrollender Schneeball durch immer neuen Zuwachs an Schnee wächst, durch den er herabgerollt und in den er eingerollt wird, so nahmen sie auf dem Wege neue Beutegenossen auf, und je weiter sie vorrückten, desto größer und drohender raste ihr Haufe. Und als sie in der Umgebung von Ypern einige kleinere Dörfer durcheilt hatten, zogen sie am Tage von Mariae Himmelfahrt in die Stadt Ypern ein, deren Tore von der Bevölkerung der Stadt geöffnet worden waren. Sie eilten direkt zur Kathedrale, wo sie sich die Arbeit teilten: Die einen richteten Leitern auf und zerschlugen die bemalten Mauern der Kirche und die Bilder mit Hämmern und Stöcken; andere zerschmetterten das Gitterwerk, das Gestühl und die Kanzel mit Äxten; wieder andere warfen Seile um die riesigen Statuen unseres Herrn Christus und der Heiligen und rissen sie aus ihren Nischen zu Boden; andere stahlen die heiligen Gefäße, verbrannten die heiligen Bücher und entblößten die Altäre ihres heiligen Schmuckes, und das mit so großer Sorglosigkeit, mit so wenig Respekt vor dem Magistrat der Stadt und der Geistlichkeit, als wenn sie in öffentlichem Auftrag dorthin geschickt worden wären und von der Stadt dafür bezahlt würden. Ja, nachdem sie mit derselben Raserei auch die Bibliothek des Bischofs von Ypern verbrannt hatten, liefen sie zu den übrigen Kirchen und Klöstern der Stadt und wiederholten ihre früheren Verbrechen, und weil ihre früheren Untaten erfolgreich gewesen waren, begingen sie jetzt größere. [. . .] Am folgenden Tage eilten andere Scharen von Kirchenschändern, entweder nach einem Plan oder nach dem Beispiel dessen, was in St. Omer geschehen war, mit demselben Ungestüm durch die Städte an der Leye, Menin, Comines, Verwich und andere in der Nähe von Courtrai, und schleppten alle heiligen Gegenstände, die sie tragen konnten, aus den Kirchen fort; die übrigen zerschlugen oder verbrannten sie. Von dort überquerten sie den Fluß und kamen in das Gebiet von Lille, wo sich ihnen viele Einwohner der Stadt in der Hoffnung auf Beute anschlossen; und nachdem sie, wahnsinnig und tobend, ein reiches Kloster namens Marquette geplündert hatten, eilte ein Teil von ihnen nach Doway, der andere Teil nach Seclin.«

Strada, S. 193: Begegnung zwischen Egmont und Oranien in Willebroek. Vgl. »Egmont«, II, Egmonts Wohnung.

»Bertius, quando obfirmato hominem animo videt, ad extremum quasi inducias reiecta pace impetraturus, orat (nam

& hoc in mandatis habebat) vt antequàm discedat, cum Egmontio, alijsque nonnullis, quos vellet, Proceribus colloqui ea super re sustineret. Cui libenter assensus, Villebrocum pagum, Bruxellas inter & Antuerpiam, colloquio designat. Quò quum hinc Orangius, inde Egmontius, ac Mansfeldius, & Gubernatricis iussu Bertius conuenissent, eademque rursus ac sæpius agitassent; infecta re abiere. Ferunt Orangium, antequàm inde recederet, cum Egmontio seorsim abducto de imminentibus periculis locutum, orasse illum, subduceret sese, grauidamque cruore tempestatem ab Hispania impendentem Belgarum Procerum capitibus ne operiretur. Et quum Egmontius meritis ferox, eòque periculi negligens, contrà dissereret, ac Regis clementiæ, si pacatas reperiret prouincias, omnia tribueret; *Perdet te*, inquit Orangius, *hæc quam iactas clementia Regis, Egmonti. ac videor mihi prouidere animo, vtinam falsò, te pontem scilicet futurum, quo Hispani calcato, in Belgium transmittant.* Quo dicto tamquam præsagitionis certus, hominemque supremùm visurus, arctè, nec sine vtriusque lacrymis complexus, abscessit.«

Übersetzung: »Als Bertius sah, daß sein [Oraniens] Entschluß feststand und er einen Friedensschluß abgelehnt hatte, verlangte er endlich sozusagen einen Waffenstillstand und beschwor ihn (denn dies war ein Teil seiner Befehle), sich vor seiner Abreise mit Egmont und einigen anderen Adeligen seiner eigenen Wahl zur Besprechung dieser Angelegenheit zu treffen. Hiermit erklärte sich Oranien gern einverstanden und bestimmte Willebroek, ein Dorf zwischen Brüssel und Antwerpen, zum Ort der Unterredung. Hier trafen sich aus der einen Richtung Oranien, aus der anderen Egmont und Mansfeld und, auf Befehl der Statthalterin, Bertius. Und nachdem sie dieselben Angelegenheiten verschiedene Male besprochen hatten, gingen sie auseinander, ohne zu einem Schluß gekommen zu sein. Man erzählt, Oranien habe, bevor er sich von dort fortbegab, Egmont beiseite geführt, zu ihm von der ungeheuren drohenden Gefahr gesprochen und ihn beschworen, zu fliehen und den von Spanien her über den Häuptern der niederländischen Adeligen sich zusammenziehenden blutschwangeren Sturm nicht abzuwarten. Und als Egmont, der stolz auf seine Verdienste war und deshalb an keine Gefahr dachte, dagegensprach und sich vertrauensvoll auf die Güte des Königs berief, wenn dieser die Provinzen befriedet fände, erwiderte Oranien: ›*Diese von dir gepriesene Güte des Königs wird dich zugrunde richten, Egmont; und schon glaube ich im Geiste zu sehen – o daß ich mich täusche! –, daß du die Brücke sein wirst, auf welcher die Spanier in die Niederlande einziehen werden.*‹ Als ob er seiner Voraussage sicher wäre und ihn zum letzten Mal in seinem Leben sähe, umarmte er ihn nach diesen Worten herzlichst, wobei sie beide Tränen vergossen, und so schieden sie voneinander.«

Strada, S. 203: Sitzung des Staatsrats Philipps II. vom April 1567. Vgl. »Egmont«, III, Palast der Regentin.

»Itaque in ea consultatione, quam super hac re postremam Rex habuit Mantuæ Carpetanorum, deliberari hoc vnum voluit, Absque armis nè, quod suadebant aliqui, an instructo exercitu, quod in primis hortabatur Pontificis Nuncius, ire ipsum in prouincias expediret. Ex consiliarijs, quos vti prima regnorum instrumenta, habebat Rex sanè plurimos, nempe quia illos plurimi faciebat; adhibiti tunc quidem fuere Ferdinandus Toletanus Albæ Dux, & Rodericus Gomesius à Silua Eboli Princeps, magnæ vterque potentiæ apud Regem: sed vt æstimatio post gratiam erat, ille præhabebatur, hic præibat. Præterea Didacus Card. Spinosa ex modicis initijs summus causarum Fidei Quæsitor, & concilij castellani Præses, tantæque aliquando authoritatis in Philippi regia, vt vulgò Hispaniæ Monarcha diceretur. Aderant Gomesius Frigueroa Dux Feriæ, & Io: Manricus de Lara, & Antonius Toletanus Legionensis Prior ex Equitibus Hierosolymitanis: præsenti omnes ingenio expeditoque. Sed Ferianus, præter animi dotes, elegantiâ suauitateque morum ante alios erat: Manricus sagacitate pollebat: Toletanum in primis religio commendabat. Aderant Bernardus Fresneda conscientiæ Principis moderator è Franciscana familia, Antonius Perezius secretioris scrinij custos, alijque nonnulli; spectatæ plerique fidei senatores, quique præ oculis dignitatem Regis sedulò haberent: quam tamen, vt quisque naturâ tristior aut clementior, pro ingenio interpretarentur.«

Übersetzung: »Deshalb setzte der König bei der Sitzung des Staatsrates, die er zuletzt über diese Angelegenheit in Madrid abhielt, nur diesen einen Punkt auf die Tagesordnung, ob er in die Niederlande ziehen sollte, ohne eine Armee dorthin mitzunehmen, wie ihm einige rieten, oder mit einer wohlausgerüsteten Armee, wie ihm hauptsächlich der päpstliche Nuntius riet. An Beratern, mit deren Hilfe er vor allem regierte, hatte der König eine überaus große Zahl, weil er nämlich sehr viele dazu ernannt hatte. Von diesen zog er damals Ferdinand von Toledo, Herzog von Alba, zur Beratung hinzu und

Roderich Gomez von Silva, Fürst von Eboli, die beide beim König großen Einfluß besaßen. Aber wie die Hochachtung der Gunst nachsteht, so besaß der Herzog von Alba die größere Achtung des Königs und der Fürst von Eboli die größere Gunst. Außerdem wurde der Kardinal Spinosa berufen, der sich aus bescheidenen Verhältnissen zum Großinquisitor und Präsidenten des Rates von Kastilien emporgearbeitet und der einen solchen Einfluß in Philipps Reich erworben hatte, daß er allgemein der Monarch von Spanien genannt wurde. Anwesend waren auch Gomez Figeroa, Herzog von Feria, Juan Manriguez von Lara und Antoan von Toledo, Prior von Leon und Ritter von Jerusalem, alles äußerst intelligente Männer. Aber, ganz abgesehen von den Gaben des Geistes, übertraf Feria die anderen durch seine äußere Eleganz und sein sympathisches Auftreten. Manriguez' Stärke war sein Scharfsinn, und Antoan von Toledo empfahl sich hauptsächlich durch seine Frömmigkeit. Ferner waren anwesend Bernardo Fresneda, der Beichtvater des Königs, ein Franziskaner, Antonio Perez, der Geheime Siegelbewahrer, und zahlreiche andere Berater, die ihre Treue oft bewiesen hatten und eifrig um das Ansehen ihres Königs bemüht waren, das sie freilich, wie jeder von Natur strenger oder milder ist, je nach ihrem eigenen Charakter interpretierten.«

Strada, S. 30: Charakterisierung Margaretes von Parma. Vgl. »Egmont«, III, Klärchens Wohnung.

»Et verò aderat ei non modò animus muliebrem conditionem supergressus: sed etiam habitus quidam, corporis incessusque, quo non tàm femina sortita viri spiritus, quàm vir ementitus veste feminam videretur. Quippe vires illi tantæ, vt venari vel ceruos mutatis ad cursum equis consuesset; cuiusmodi venationi homines perquàm robusti succumbunt. Nec deerat aliqua mento superiorique labello barbula: ex qua virilis ei non magis species, quàm authoritas conciliabatur. Immo, quod rarò in mulieres, nec nisi in præualidas cadit, podagrâ identidem laborabat. Ceterùm ingenium ei promptum ac præsens, interque agendum, velificationis in omnem partem obliquandæ mira dexteritas.«

Übersetzung: »Nicht nur hatte sie wahrhaftig einen Geist, der den einer Frau weit übertraf, sondern auch eine Körperhaltung und ein Auftreten, als wäre sie nicht so sehr eine Frau mit dem Geist eines Mannes als vielmehr ein Mann in Frauenkleidern. Sie war freilich so stark, daß sie bei der Hirschjagd die Pferde zu wechseln pflegte, wozu die kräftigsten Männer oft nicht imstande sind. Sie hatte auch am Kinn und auf der Oberlippe ein wenig Bartwuchs, was nicht so sehr ihr männliches Aussehen betonte, als es ihr die entsprechende Autorität gab. Und, was bei Frauen selten ist, es sei denn, sie sind sehr stark: Sie wurde wiederholt von der Gicht geplagt. Im übrigen besaß sie eine rasche Intelligenz und Geistesgegenwart und eine wunderbare Geschicklichkeit, bei ihren Unternehmungen jede gewünschte Richtung einzuschlagen.«

Strada, S. 215 f.: Verhaftung Egmonts. Vgl. »Egmont«, IV, Der Culenburgische Palast.

»Hæc dum gererentur, consultabat in ædibus Culemburgicis Albanus cum Belgarum primoribus, Areschoto, Egmontio, Hornano, Mansfeldio, Arembergio, ac Barlamontio: aderantque præterea Ferdinandus Albani filius, Vitellius, Serbellonius, & Ibarra. Trahebat autem datâ operâ consultationem Albanus, de Consule, deque Casembrotio captis nuncium opperiens: ideoque Comitem Paciottum de vestigio formaque arcis Antuerpianæ disserturum euocauerat in Senatum. quum, factum esse, quod imperauerat, admonitus; Senatum dimittit. Abeuntibus alijs, ipse Egmontium seorsim euocat, quasi aliquid secretò allocuturus. Atque ex aduerso cubiculo ostendentibus se aliquot Centurionibus; tum Albanus, *Siste*, inquit, *Egmonti: custodiri te Rex iubet, eiusque nomine gladium pone.* Ille inopinata denunciatione perculsus, armatosque circum se complures aspiciens, gladium tradidit, addens, *Et tamen hoc ferro sæpe ego Regis causam non infeliciter defendi.* Nec plura fatus à Centurionibus in conclaue traductus est. Eodemque tempore Hornanus ab Ducis Albani filio, à quo honoris causâ deducebatur, iussus est, posito gladio, sese in potestatem Albani, Rege ita imperante, committere. Statimque in aliam ædium partem Centuriones, qui præstò accurrerant, inermem seduxere. Interea Sanctius Auila prætorianorum præfectus, quos Albanus elegerat sibi lateris custodes, Culemburgicas ædes, atque aditus viarum armatis sepserat, ignara suspensaque ciuitate, quò terror ille pertineret. Vbi verò patuit, Egmontium, Hornanumque attineri apud Albanum; tristi primùm silentio populus hærere, mox Albani artes agnoscere, nimiæque præsertim Egmontij fiduciæ subirasci: multi captum ea Procerum captiuitate Belgium dicere: tantoque magis laudare alij præcautum Orangij consilium, eique incolumi, ac Belgio per illum non planè destituto gratulari. Quin & Cardinalis Granuellanus Romæ audito, quod Bruxellis

Satirische Abbildung des Herzogs von Alba aus dem Jahre 1572. Zu seinen Füßen die Leichen und Häupter von Egmont und Hoorn (Brüssel, Prentenkabinet)

acciderat, sciscitatus ab eo, qui rem denarrabat, an captus quoque fuisset Taciturnus, (sic Orangium nominabat) atque eo negante, dixisse fertur, Vno illo retibus non concluso, nihil ab Duce Albano captum.«

Übersetzung: »Unterdessen hielt Alba im Kuilemburgischen Hause eine Beratung mit den vornehmsten Niederländern ab: Aarschot, Egmont, Hoorn, Mansfeld, Aremberg und Barlaimont; außer diesen waren Ferdinand, Albas Sohn, Vitelli, Serbelloni und Ibarra anwesend. Alba zog die Beratung absichtlich in die Länge, da er die Nachricht von der Verhaftung des Bürgermeisters und Kasembrots erwartete; und deshalb hatte er den Grafen Paciotto in die Versammlung beschieden, der die äußere Anlage und die Beschaffenheit der Festung bei Antwerpen erklären sollte. Als ihm die glückliche Ausführung seiner Verhaftungsbefehle hinterbracht worden war, entließ er die Versammlung. Während die anderen fortgingen, rief er Egmont beiseite, als ob er ihm etwas insgeheim mitteilen wollte. Und als sich in dem gegenüberliegenden Gemach einige Hauptleute zeigten, rief Alba: ›*Halt, Egmont! Ich verhafte dich auf Befehl des Königs; in seinem Namen fordere ich dir den Degen ab*‹. Durch diese unerwartete Aufforderung überrascht und weil er so viele Bewaffnete um sich her sah, überreichte Egmont seinen Degen mit den Worten: ›*Und doch habe ich mit diesem Degen die Sache des Königs, oft nicht ohne Erfolg, verteidigt!*‹ Ohne weiter etwas zu äußern, wurde er von den Hauptleuten in das Gemach geführt. Zur gleichen Zeit forderte Albas Sohn Ferdinand den Degen von Hoorn, dem er ehrenhalber das Geleit gegeben hatte, und befahl ihm, sich auf Befehl des Königs in Albas Gewalt zu begeben. Und sogleich führten die Hauptleute, die schnell hinzuliefen, den Wehrlosen in einen anderen Teil des Hauses. Unterdessen hatte Sanchio Avila, der Hauptmann von Albas Leibwache, das Kuilemburgische Haus und alle Zugänge von den Straßen mit Bewaffneten besetzt. Dies führte zu einer Verunsicherung der Bürger, die nicht wußten, was diese Schreckensmaßregel bedeutete. Aber als offenbar wurde, daß Egmont und Hoorn bei Alba gefangengehalten wurden, da bemächtigte sich des Volkes zunächst ein trauriges Schweigen; bald erkannte man freilich Albas Machenschaften und war vor allem über Egmonts allzugroßes Zutrauen ärgerlich. Viele behaupteten, durch die Verhaftung der beiden Adeligen seien die Niederlande in Gefangenschaft geraten; um so mehr lobten andere die vorsichtige Klugheit Oraniens und freuten sich darüber, daß dieser noch frei und die Niederlande so noch nicht aller Hilfe beraubt seien. Als der Kardinal Granvella in Rom hörte, was in Brüssel geschehen war, fragte er den Boten, ob auch der Schweiger (so wurde Oranien genannt) gefangengenommen wäre, und als der Bote dies verneinte, soll er erwidert haben, wenn dieser eine dem Netz entschlüpft sei, habe der Herzog Alba nichts gefangen.«

Strada, S. 234 f.: Persönliche Feindschaft Alba / Egmont. Vgl. »Egmont«, V, Gefängnis.

»Populus tamen siue ex odio in Albanum, siue in Egmontium amore iudicium ferens, reum absoluebat, culpamque omnem transferebat in Albanum inuidiæ retinentem aduersùs Egmontium, veterem belli æmulum. offensumque super hæc memorabant, quòd olim aleâ ludenti multa aureorum millia victor Egmontius abstulisset: ac postea in publica lætitia, dum vterque explodendo ad signum sclopo ex prouocatione contenderent, superatus esset Albanus, ingenti Belgarum plausu ad nationis suæ decus referentium victoriam ex Duce Hispano. Quæ quamquam aut vana, aut minora, vulgus tamen commiserationi pabula vndecumque congerebat. Neque ego alienum à vero crediderim, in hac reorum causa congestum plus inuidiæ in Albanum, quàm ipse commeruerit.«

Übersetzung: »Jedoch das Volk sprach den Angeklagten [Egmont] frei, entweder weil es aus Haß gegen Alba oder aus Liebe zu Egmont urteilte, und schob alle Schuld Alba zu, der sich seinen Neid gegenüber Egmont bewahrt habe, seinem alten Rivalen im Kriege. Sie berichteten auch, er habe einen Groll gegen Egmont getragen, weil ihm Egmont einst beim Würfeln viele tausend Goldstücke abgewonnen habe; und als sie später bei einem Volksfest auf eine Zielscheibe um die Wette schossen, habe Alba wieder verloren, unter ungeheurem Beifall der Niederländer, die den Sieg über den spanischen Herzog ihrem Volke zur Ehre rechneten. Diese Geschichten mögen entweder unwahr oder bedeutungslos sein; das Volk trug sie jedoch, wer weiß woher, zusammen, um sein Mitleid daran zu nähren. Und ich selbst [Strada] glaube fest, daß im Verlauf dieses Prozesses mehr Mißgunst gegen Alba entstanden ist, als er verdiente.«

IV. Dokumente zur Entstehungsgeschichte

Äußerungen Goethes zum »Egmont«

Wenn nicht anders angegeben, wird im folgenden nach Hans Gerhard Gräf, »Goethe über seine Dichtungen«, Teil II, Bd. 1, Frankfurt a. M. 1903, zitiert.

An Heinrich Christian Boie:

Frankfurt, 23. Dezember 1774

Ich zeichne mehr, als ich sonst was tue, liedere auch viel. Doch bereit' ich alles, um mit Eintritt der Sonne in den Widder eine neue Produktion zu beginnen, die auch ihren eignen Ton haben soll.

An Charlotte von Stein:

Weimar, 29. Januar 1776

Wir [Goethe und Herzog Karl August] haben heute viel Guts gehandelt über der Vergangenheit und Zukunft – Geht mir auch wie Margreten von Parma: ich sehe viel voraus, das ich nicht ändern kann.

An Charlotte von Stein:

Wörlitz, 14. Mai 1778

Und ich scheine dem Ziele dramatischen Wesens immer näher zu kommen, da mich's nun immer näher angeht, wie die Großen mit den Menschen, und die Götter mit den Großen spielen.

Goethes Tagebuch:

Weimar, Dezember 1778

Schrieb einige Szenen an »Egmont«.

Weimar, 5. Dezember 1778

[Morgens] Alba und Sohn.

Weimar, 13. Dezember 1778

Früh Monolog Albas.

An Charlotte von Stein:

Weimar, 26. Mai 1779

Mein »Egmont« rückt doch, ob ich gleich den 1. Juni nicht fertig werde.

Goethes Tagebuch:

Weimar, 15. Juni 1779

[Nachmittags] . . an »Egmont« geschrieben.

An Charlotte von Stein:

Weimar, 24. Juni 1779

Gestern abend hab' ich noch eine Szene in »Egmont« geschrieben, die ich kaum wieder dechiffrieren kann.

Weimar, 7. September 1779

Ich schicke Ihnen, was von »Egmont« fertig ist, und alle meine andre Sachen, heben Sie mir sie auf.

Goethes Tagebuch:

Weimar, 16. März 1780 (Gartenhäuschen)

[Vormittags] . . spazieren, an »Egmont« geschrieben.

An Charlotte von Stein:

Wilhelmsthal, 12. Dezember 1781

. . es geht mir wohl, ich mag die Menschen leiden, und sie mich, ich bekümmre mich um nichts und schreibe Dramas. Mein »Egmont« ist bald fertig, und wenn der fatale vierte Akt nicht wäre, den ich hasse und notwendig umschreiben muß, würde ich mit diesem Jahr auch dieses lang vertrödelte Stück beschließen.

An Charlotte von Stein:

Dornburg, 16. März 1782

Nun will ich über den »Egmont« und hoff' ihn endlich zu zwingen.

Dornburg, 17. März 1782

Ich bin ganz leise fleißig, ich möchte nun »Egmont« so gar gerne endigen, und seh' es möglich.

Weimar, 20. März 1782

[Früh.] Mein »Egmont« ist die einzige frohe Aussicht auf die acht Tage, das Einzige, was ich zwischen mein Verlangen zu Dir einschieben kann, daß es mir nicht schmerzlich wird.

Buttstädt, 20. März 1782

[Nachmittags.] Nun will ich mich hinsetzen und einen alten Geschichtschreiber durchlesen, damit »Egmont« endlich lebendig werde, oder auch, wenn Du willst, daß er zu Grabe komme. ...

Zum »Egmont« habe ich Hoffnung, doch wird's langsamer gehn, als ich dachte. Es ist ein wunderbares Stück. Wenn ich's noch zu schreiben hätte, schrieb' ich es anders, und vielleicht gar nicht. Da es nun aber da steht, so mag es stehen, ich will nur das Allzuaufgeknöpfte, Studentenhafte der Manier zu tilgen suchen, das der Würde des Gegenstands widerspricht.

Kalbsried, 22. März 1782

Im *Strada*, der den alten Niederländischen Krieg geschrieben hat, finden sich gar treffliche Schilderungen von Personen, die ich Dir übersetzen will.

Gerstungen, 6. April 1782 (morgens)

Am »Egmont« ist nichts geschrieben, die Zerstreuung läßt's nicht zu.

An Philipp Seidel[1]:

Rom, 13. Januar 1787

Nun geht's an »Egmont« und die andern Sachen, ich will nichts in Stücken geben.

An Herzog Karl August:

Rom, 13. Januar 1787

.. nun werd' ich gleich den »Egmont« endigen, daß er wenigstens ein scheinbares Ganze mache.

1. (1755–1820); Goethes vertrauter Diener und Schreiber, der während der Italienischen Reise Goethes Haus verwaltete und seine geschäftlichen Angelegenheiten erledigte.

An Charlotte von Stein:

Rom, 20. Januar 1787

Ich habe Hoffnung, »Egmont«, »Tasso«, »Faust« zu endigen, ...

Aus der »Italienischen Reise«:

Rom, 5. Juli 1787

»Egmont« ist in der Arbeit, und ich hoffe, er wird geraten. Wenigstens hab' ich immer unter dem Machen Symptome gehabt, die mich nicht betrogen haben. Es ist recht sonderbar, daß ich so oft bin abgehalten worden, das Stück zu endigen, und daß es nun in Rom fertig werden soll. Der erste Akt ist ins Reine und zur Reife, es sind ganze Szenen im Stücke, an die ich nicht zu rühren brauche.

Rom, 9. Juli 1787

Ich bin fleißig, mein »Egmont« rückt sehr vor. Sonderbar ist's, daß sie eben jetzt in Brüssel die Szene spielen, wie ich sie vor zwölf Jahren aufschrieb; man wird vieles jetzt für Pasquill[2] halten. (Goethes Werke. Hrsg. von Robert Petsch. Leipzig 1926. Bd. 17)

An Philipp Christoph Kayser[3]:

Rom, 14. Juli 1787

Ich arbeite an »Egmont«, ich hoffe, auch Ihnen zur Freude.

Aus der »Italienischen Reise«:

Rom, 16. Juli 1787

»Egmont« ist schon bis in den vierten Akt gediehen, ich hoffe, er soll euch [den Freunden in Weimar] Freude machen. In drei Wochen denke ich fertig zu sein, und ich schicke ihn gleich an Herdern ab.

Rom, 30. Juli 1787

Montag den 30sten blieb ich den ganzen Tag zu Hause und war fleißig. »Egmont« ruckt zum Ende, der vierte Akt ist

2. ital., Schmäh-, Spottschrift.
3. (1755–1823); aus Frankfurt gebürtiger Komponist, seit 1775 in Zürich, Vertoner Goethescher Gedichte und Singspiele. Ende Oktober 1787 kam Kayser nach Rom und kehrte später mit Goethe gemeinsam aus Italien zurück.

so gut wie fertig. Sobald er abgeschrieben ist, schick' ich ihn mit der reitenden Post. Welche Freude wird mir's sein, von euch zu hören, daß ihr dieser Produktion einigen Beifall gebt. Ich fühle mich recht jung wieder, da ich das Stück schreibe; möchte es auch auf den Leser einen frischen Eindruck machen.

Rom, 1. August 1787

Der vierte Akt von »Egmont« ist fertig, im nächsten Brief hoff' ich dir den Schluß des Stückes anzukündigen.

(Goethes Werke, a. a. O.)

An Charlotte von Stein:

Rom, 4. August 1787

Gestern, nach Sonnenuntergang .. war ich in der Villa Borghese. ... Auf eben dem Spaziergange machte ich Anstalten, »Egmont« zu endigen. Wenn ich dran komme, geht es geschwind.

Aus der »Italienischen Reise«:

Rom, 11. August 1787

»Egmont« ist fertig und wird zu Ende dieses Monats abgehen können. Alsdann erwarte ich mit Schmerzen euer Urteil.

(Goethes Werke, a. a. O.)

An Kayser:

Rom, 14. August 1787

... will ich Ihnen etwas zusenden, womit Sie sich vielleicht beschäftigen. Ich meine den *»Egmont«* im Manuskripte. Er kann auf dem Wege nach Deutschland bei Ihnen durchgehn. Wollten Sie alsdann etwa die Symphonie, die Zwischenakte, die Lieder und einige Stellen des fünften Akts, die Musik verlangen, komponieren, so könnte man es gleich mit der Ausgabe anzeigen, man gewöhnte sich, Ihren Namen mit dem meinigen zu sehen, ... Und es würde die Frage sein, wie bald Sie so eine Arbeit zu liefern getrauten? und ob man sie gleich mit dem fünften Bande [der Schriften Goethes] in's Publikum schicken könnte? daß Ihre Komposition gleich auf allen Theatern Fuß faßte, denn ich glaube, »Egmont« wird gleich gespielt werden. Wenigstens hie und da.

Ich hoffe, in 14 Tagen kann das Stück von hier abgehn und also halb September bei Ihnen sein.

An Seidel:

Rom, 18. August 1787

Ich bin sehr fleißig. »Egmont« ist fertig! was noch in den fünften Band [der Schriften Goethes] kommt, wird auch zugerichtet.

Aus der »Italienischen Reise«:

Rom, 1. September 1787

Heute, kann ich sagen, ist »Egmont« fertig geworden; ich habe diese Zeit her immer noch hier und da daran gearbeitet. Ich schicke ihn über Zürich; denn ich wünsche, daß Kayser Zwischenakte dazu, und was sonst von Musik nötig ist, komponieren möge. Dann wünsch' ich euch Freude daran.

Rom, 5. September 1787

Ich muß an einem Morgen schreiben, der ein festlicher Morgen für mich wird. Denn heute ist »Egmont« eigentlich recht völlig fertig geworden. Der Titel und die Personen sind geschrieben und einige Lücken, die ich gelassen hatte, ausgefüllt worden, nun freu' ich mich schon zum voraus auf die Stunde, in welcher ihr ihn erhalten und lesen werdet.

(Goethes Werke, a. a. O.)

Brieftabelle 1787:

Rom, 15. September 1787

[Sendung] An Herder »Egmont« ..

Aus der »Italienischen Reise«:

Rom, 3. November 1787

Die Aufnahme meines »Egmont« macht mich glücklich, und ich hoffe, er soll beim Wiederlesen nicht verlieren, denn ich weiß, was ich hineingearbeitet habe, und daß sich das nicht auf einmal herauslesen läßt. Das, was ihr daran lobt, habe ich machen wollen; wenn ihr sagt, daß es gemacht ist, so habe ich meinen Endzweck erreicht. Es war eine unsäglich schwere Aufgabe, die ich ohne eine ungemessene Freiheit des Lebens und des Gemüts nie zustande gebracht hätte. Man denke, was das sagen will: ein Werk vornehmen, was zwölf Jahre früher geschrieben ist, es vollenden, ohne es umzuschreiben. Die besondern Umstände der Zeit haben mir die Arbeit erschwert und erleichtert. ...

Was du [Herder?] von Klärchen sagst, verstehe ich nicht ganz und erwarte deinen nächsten Brief. Ich sehe wohl, daß dir eine Nuance zwischen der Dirne und der Göttin zu fehlen scheint. Da ich aber ihr Verhältnis zu Egmont so ausschließlich gehalten habe; da ich ihre Liebe mehr in den Begriff der Vollkommenheit des Geliebten, ihr Entzücken mehr in den Genuß des Unbegreiflichen, daß *dieser* Mann ihr gehört, als in die Sinnlichkeit setze; da ich sie als Heldin auftreten lasse; da sie im innigsten Gefühl der Ewigkeit der Liebe ihrem Geliebten nachgeht und endlich vor seiner Seele durch einen verklärenden Traum verherrlicht wird: so weiß ich nicht, wo ich die Zwischennuance hinsetzen soll, ob ich gleich gestehe, daß aus Notdurft des dramatischen Pappen- und Lattenwerks die Schattierungen, die ich oben hererzähle, vielleicht zu abgesetzt und unverbunden, oder vielmehr durch zu leise Andeutungen verbunden sind; vielleicht hilft ein zweites Lesen, vielleicht sagt mir dein folgender Brief etwas Näheres.

Angelica[4] hat ein Titelkupfer zum »Egmont« gezeichnet, Lips[5] gestochen, das wenigstens in Deutschland nicht gezeichnet, nicht gestochen worden wäre.

Rom, 10. November 1787

Daß mein »Egmont« Beifall erhält, freut mich herzlich. Kein Stück hab' ich mit mehr Freiheit des Gemüts und mit mehr Gewissenhaftigkeit vollbracht als dieses; doch fällt es schwer, wenn man schon anderes gemacht hat, dem Leser genug zu tun: er verlangt immer etwas, wie das vorige war.

(Goethes Werke, a. a. O.)

4. Angelica Kauffmann (1741–1807); Schweizer Malerin, mit Goethe in Italien befreundet.

5. Johann Heinrich Lips (1758–1817); Schweizer Maler und Kupferstecher, von 1786 bis 1789 in Rom, wo er Goethe kennenlernte. Auf dessen Veranlassung wurde er Professor an der Zeichenakademie in Weimar (1789–94).

Titelkupfer von Angelica Kauffmann in der Erstausgabe des »Egmont« in »Goethe's Schriften«. Bd. 5. Leipzig: Göschen 1788

An Herzog Karl August:

Rom, 17. November 1787

»Egmont« ist nun in Weimar. Ich habe große Freude an der Art, wie ihn die Freunde aufgenommen haben. Auch Ihnen und Ihresgleichen darf er sich, hoffe ich, präsentieren, denn ich möchte nun nichts mehr schreiben, was nicht Menschen, die ein großes und bewegtes Leben führen und geführt haben, nicht auch lesen dürften und möchten.

Rom, 8. Dezember 1787

Wenn Sie wieder zu Hause sind, bitte ich einen Abend am Kamin meinem »Egmont« zu widmen; könnte er Sie wieder in einer Tannröder Stimmung, welche meinem »Wilhelm« so günstig war, antreffen, so würde ich mich recht glücklich fühlen. Es ist gar tröstlich für den Dichter, der sich's denn doch sauer werden läßt, wenn so eine Arbeit gleich das erste Mal ihre Wirkung nicht verfehlt. Ich hoffe, er soll Ihnen neu sein und zugleich alte Erinnerungen anmutig anschlagen.

.... Kayser ... komponiert alles, was an Musik zum »Egmont« nötig ist, und seine Studien darüber sind mir sehr unterrichtend.

An Seidel:

Rom, 8. Dezember 1787

Die gute Meinung, die man von meinem Gehirne in Weimar hat, hoffe ich auf die Art zu widerlegen, wie Sophokles eine ähnliche Anklage ablehnte: er schrieb seinen »Ödipus auf Kolonus«, und ob ich gleich meinen »Egmont« nicht mit jenem Meisterstücke vergleichen will, so wird doch schon dieses Stück hinreichend sein, das Publikum zu überzeugen, daß ich noch bei Sinnen bin.

Aus der »Italienischen Reise«:

Rom, Dezember 1787 (Bericht)

Schon die ersten Briefe aus Weimar über »Egmont« enthielten einige Ausstellungen über dieses und jenes; hiebei erneute sich die alte Bemerkung, daß der unpoetische, in seinem bürgerlichen Behagen bequeme Kunstfreund gewöhnlich da einen Anstoß nimmt, wo der Dichter ein Problem

aufzulösen, zu beschönigen oder zu verstecken gesucht hat. Alles soll, so will es der behagliche Leser, im natürlichen Gange fortgehen; aber auch das Ungewöhnliche kann natürlich sein, scheint es aber demjenigen nicht, der auf seinen eigenen Ansichten verharrt. Ein Brief dieses Inhalts war angekommen, ich nahm ihn und ging in die Villa Borghese; da mußt' ich denn lesen, daß einige Szenen für zu lang gehalten würden. Ich dachte nach, hätte sie aber auch jetzt nicht zu verkürzen gewußt, indem so wichtige Motive zu entwickeln waren. Was aber am meisten den Freundinnen tadelnswert schien, war das lakonische Vermächtnis, womit Egmont sein Klärchen an Ferdinand empfiehlt.
Ein Auszug aus meinem damaligen Antwortschreiben wird über meine Gesinnungen und Zustände den besten Aufschluß geben.
»Wie sehr wünscht' ich nun auch euren Wunsch erfüllen und dem Vermächtnis Egmonts einige Modifikation geben zu können! Ich eilte an einem herrlichen Morgen mit eurem Briefe gleich in die Villa Borghese, dachte zwei Stunden den Gang des Stücks, die Charaktere, die Verhältnisse durch und konnte nichts finden, das ich abzukürzen hätte. Wie gern möcht' ich euch alle meine Überlegungen, mein *pro* und *contra* schreiben, sie würden ein Buch Papier füllen und eine Dissertation über die Ökonomie[6] meines Stücks enthalten. Sonntags kam ich zu Angelica und legte ihr die Frage vor. Sie hat das Stück studiert und besitzt eine Abschrift davon. Möchtest du [Ch. v. Stein] doch gegenwärtig gewesen sein, wie weiblich zart sie alles aus einander legte, und es darauf hinausging: daß das, was ihr noch mündlich von dem Helden erklärt wünschtet, in der Erscheinung *implicite*[7] enthalten sei. Angelica sagte: da die Erscheinung nur vorstelle, was in dem Gemüte des schlafenden Helden vorgehe, so könne er mit keinen Worten stärker ausdrücken, wie sehr er sie liebe und schätze, als es dieser Traum tue, der das liebenswürdige Geschöpf nicht zu ihm herauf, sondern über ihn hinauf hebe. Ja es wolle ihr wohl gefallen, daß der, welcher durch sein ganzes Leben gleichsam wachend geträumt, Leben und Liebe mehr als geschätzt, oder

6. griech., Wirtschaftlichkeit, genaue Planung, Notwendigkeit des Einzelnen.
7. lat., einbezogen, inbegriffen.

vielmehr nur durch den Genuß geschätzt, daß dieser zuletzt noch gleichsam träumend wache und uns still gesagt werde, wie tief die Geliebte in seinem Herzen wohne und welche vornehme und hohe Stelle sie darin einnehme. – Es kamen noch mehr Betrachtungen dazu, daß in der Szene mit Ferdinand Klärchens nur auf eine subordinierte[8] Weise gedacht werden konnte, um das Interesse des Abschieds von dem jungen Freunde nicht zu schmälern, der ohnehin in diesem Augenblicke nichts zu hören noch zu erkennen imstande war.«

(Goethes Werke, a. a. O.)

An Herzog Karl August:

Rom, 28. März 1788

Ihr Brief, mein bester Fürst und Herr, in welchem Sie mir Ihre Gedanken über »Egmont« eröffnen, hat das Verlangen nur vermehrt, mich mit Ihnen über solche und andre Gegenstände mündlich zu unterhalten. Bemerkungen wie die, welche Sie mir schreiben, sind zwar für den *Autor* nicht sehr tröstlich, bleiben aber doch dem Menschen äußerst wichtig, und wer beide in sich nie getrennt hat, weiß solche Erinnerungen zu schätzen und zu nutzen. Einiges, was Ihnen nicht behagte, liegt in der Form und Konstitution des Stücks und war nicht zu ändern, ohne es aufzuheben. Andres, zum Beispiel die Bearbeitung des ersten Akts, hätte mit Zeit und Muße wohl nach Ihren Wünschen geschehen können. Noch andres, wie zum Beispiel die Äußerung Machiavellens, war mit einem Federstrich ausgelöscht. Es war ein schweres Unternehmen, ich hätte nie geglaubt, es zu vollenden, nun steht das Stück da, mehr, wie es sein konnte, als wie es sein sollte.

Gewiß auch konnte kein gefährlicherer Leser für das Stück sein als Sie. Wer selbst auf dem Punkte der Existenz steht, um welchen der Dichter sich spielend dreht, dem können die Gaukeleien der Poesie, welche aus dem Gebiet der Wahrheit in's Gebiet der Lüge schwankt, weder genug tun, weil er es besser weiß, noch können sie ihn ergötzen, weil er zu nah steht und es vor seinem Auge kein Ganzes wird. Doch alles sei auf die guten Stunden aufgespart, die ich mir neben Ihnen verspreche.

8. lat., untergeordnet.

An Herzog Karl August:

Weimar, 1. Oktober 1788

In der »Litteratur-Zeitung« steht eine Rezension meines »Egmonts«, welche den sittlichen Teil des Stücks gar gut zergliedert. Was den poetischen Teil betrifft, möchte Rezensent andern noch etwas zurückgelassen haben.

An Friedrich Constantin von Stein[9]:

Jena, 16. November 1788

Es freut mich, daß Dir »Egmont« zum zweiten Male gefällt. Das Stück ist so oft durchdacht, daß man es auch wohl öfters wird lesen können.

An August Wilhelm Iffland (1759–1814):

Weimar, 30. März 1796

Mit dem größten Vergnügen sehe ich .. der Bearbeitung und Aufführung »Egmonts« entgegen. Es ist das Eigenste, was mir hätte begegnen können, daß ein Stück, auf das ich in mehr als einer Hinsicht längst Verzicht getan habe, mir durch Schillern und Sie so unerwartet wiedergeschenkt wird.

An Johann Heinrich Meyer[10]:

Weimar, 18. April 1796

Er [Iffland] wird noch eine Woche bleiben und zuletzt »Egmont« aufführen. Schiller, der auch schon diese Zeit hier ist, hat das Stück dergestalt bearbeitet, daß die Vorstellung möglich wird.

An die Schauspielerin Friederike Unzelmann in Berlin, die Goethe am 11. November 1800 brieflich um die Schillersche Bühnenbearbeitung gebeten hatte, da sie bei ihrer nächsten Benefizvorstellung[11] das Klärchen spielen wolle:

9. (1773–1844); der dritte Sohn der Frau von Stein. Goethe nahm ihn 1783–86 in sein Haus auf und verfolgte auch seine spätere Entwicklung als Student und preußischer Beamter mit väterlicher Anteilnahme.

10. (1760–1832); Schweizer Maler und Kunsthistoriker, mit dem sich Goethe 1786 in Rom befreundete und dessen Kunstanschauungen ihn beeinflußten. Meyer zog später nach Weimar, wo er 1795 Professor am Zeicheninstitut wurde.

11. Vorstellung zugunsten eines Schauspielers.

Jena, 16. Dezember 1800

Sie erhalten, .., [...] das Exemplar *»Egmonts«*, wie er, durch Herrn Ifflands Gegenwart, bei uns möglich geworden.

Ich habe einen Augenblick hineingesehen, um zu überlegen, was man etwa zu Gunsten einer Vorstellung noch daran tun könnte; allein ich erschrak über die Arbeit, die man unternehmen müßte, um etwas daraus zu machen, wofür man allenfalls stehen dürfte.

Nehmen Sie ihn also freundlich auf, wie er ist, und machen Sie daraus das, was der Autor, zu seiner Zeit, nur andeuten konnte ... haben Sie die Güte, mir das Manuskript gelegentlich zurückzuschicken.

Gespräch mit Johann Stephan Schütze[12]:

Weimar, 12. November 1806

Um endlich doch auch etwas zu sagen, faßte ich [Schütze] mir ein Herz und äußerte gegen Goethe, da man seines »Egmonts« erwähnte, daß die Lichterscheinung Klärchens zuletzt dem Stück erst eine höhere Bedeutung gäbe, indem sie das Verdienst Egmonts um die ganze Nation der Niederländer in seinen Folgen ausspräche. Schiller hatte sich, wie bekannt, *gegen* die Erscheinung erklärt. Goethe lobte mich über mein Lob und sagte, daß er das Stück *auch* nicht ohne die Erscheinung sehen möchte.

Gespräch mit Heinrich Schmidt[13]:

Weimar, 24. Dezember 1806

Zugleich bedauerte er, daß es nicht möglich gewesen sei, mich [Schmidt] während meines Aufenthalts seinen »Egmont« sehen zu lassen. Ich hätte dabei abnehmen können, auf welche sinn- und effektvolle Art Klärchens Erscheinung am Schlusse, die er nun beschrieb, plastisch bewirkt würde. Ich fragte ihn hierauf, ob das Stück noch mit den Abänderungen in Weimar gegeben würde, wie sie mir von Ifflands Gastspiel her, der 1796 den Egmont als Gast gab,

12. (1771–1839); Erzähler und Dramatiker, der seit 1804 in Weimar ansässig war.
13. (1779–1857); Schauspieler in Weimar und Wien (Burgtheater), später Direktor des Theaters in Eisenstadt und seit 1812 in Brünn.

erinnerlich waren. Goethe fragte, worin sie bestanden hätten. Ich erwähnte nur die eine, daß nämlich bei der Unterredung Egmonts mit Ferdinand im Kerker, im fünften Akt, auch Alba im weiten schwarzen Gewande mit der Kapuze über den Kopf herabgezogen und dem Henkerschwert an der Seite gegenwärtig gewesen sei, und daß dann Egmont bei einem Ausbruch seines Unmuts [...] noch die Worte hinzugefügt habe: »Ja, ich darf es sagen, und wenn Herzog Alba selbst es hören sollte«, womit er Alba die Kapuze vom Gesicht herabriß und dieser in seines Nichts durchbohrendem Gefühle dastand. »Ja«, erwiderte Goethe, »ich erinnere mich, daß es damals so arrangiert war und zwar von Schiller selbst. In Schillersche Stücke hätt' es auch wohl gepaßt; allein das ist mein Genre nicht.« Dies ganz seine eigenen Worte.

Schemata zu »Dichtung und Wahrheit«, 4. Teil, 20. Buch:
1810

[Zu 1775.] Dämonisches, »Egmont« ...
... Konzeption des Dämonischen. Konzeption »Egmonts« ...

Gespräch mit Friedrich Wilhelm Riemer (1774–1845), Hauslehrer bei Goethe:
Weimar, 1. November 1810

Im »Egmont« sei die Partie des griechischen Chors unter die zwei Liebenden, unter Klärchen und Albas Sohn verteilt. Diese stellten denselben vor; das eigentliche Volk sei, wie gewöhnlich, ohne Teilnahme.

An Ludwig van Beethoven:
Karlsbad, 25. Juni 1811

Die mir zugedachte Musik zu »Egmont« werde ich wohl finden, wenn ich nach Hause komme, und bin schon im voraus dankbar: denn ich habe derselben bereits von mehrern rühmlich erwähnen hören; und gedenke sie auf unserm Theater zu Begleitung des gedachten Stückes diesen Winter geben zu können, wodurch ich sowohl mir selbst, als Ihren zahlreichen Verehrern in unserer Gegend einen großen Genuß zu bereiten hoffe.

Aus »Dichtung und Wahrheit«, 4. Teil, 20. Buch:

Weimar, 4. April 1813 und später

Dieses Wesen, das zwischen alle übrigen hineinzutreten, sie zu sondern, sie zu verbinden schien, nannte ich dämonisch, nach dem Beispiel der Alten und derer, die etwas Ähnliches gewahrt hatten. Ich suchte mich vor diesem furchtbaren Wesen zu retten, indem ich mich nach meiner Gewohnheit hinter ein Bild flüchtete.

Unter die einzelnen Teile der Weltgeschichte, die ich sorgfältiger studierte, gehörten auch die Ereignisse, welche die nachher vereinigten Niederlande so berühmt gemacht. Ich hatte die Quellen fleißig erforscht und mich möglichst unmittelbar zu unterrichten und mir alles lebendig zu vergegenwärtigen gesucht. Höchst dramatisch waren mir die Situationen erschienen, und als Hauptfigur, um welche sich die übrigen am glücklichsten versammeln ließen, war mir Graf Egmont aufgefallen, dessen menschlich ritterliche Größe mir am meisten behagte.

Allein zu meinem Gebrauche mußte ich ihn in einen Charakter umwandeln, der solche Eigenschaften besaß, die einen Jüngling besser zieren als einen Mann in Jahren, einen Unbeweibten besser als einen Hausvater, einen Unabhängigen mehr als einen, der, noch so frei gesinnt, durch mancherlei Verhältnisse begrenzt ist.

Als ich ihn nun so in meinen Gedanken verjüngt und von allen Bedingungen losgebunden hatte, gab ich ihm die ungemessene Lebenslust, das grenzenlose Zutrauen zu sich selbst, die Gabe, alle Menschen an sich zu ziehen *(attrattiva)* und so die Gunst des Volks, die stille Neigung einer Fürstin, die ausgesprochene eines Naturmädchens, die Teilnahme eines Staatsklugen zu gewinnen, ja selbst den Sohn seines größten Widersachers für sich einzunehmen.

Die persönliche Tapferkeit, die den Helden auszeichnet, ist die Base, auf der sein ganzes Wesen ruht, der Grund und Boden, aus dem er hervorsproßt. Er kennt keine Gefahr, und verblendet sich über die größte, die sich ihm nähert. Durch Feinde, die uns umzingeln, schlagen wir uns allenfalls durch; die Netze der Staatsklugheit sind schwerer zu durchbrechen. Das Dämonische, was von beiden Seiten im Spiel ist, in welchem Konflikt das Liebenswürdige untergeht und das Gehaßte triumphiert, sodann die Aussicht, daß hieraus ein Drittes hervorgehe, das dem Wunsch aller Menschen entsprechen werde, dieses ist es wohl, was dem Stücke, freilich nicht gleich bei seiner Erscheinung, aber doch später und zur rechten Zeit, die Gunst verschafft hat, deren es noch jetzt genießt. Und so will ich denn auch hier, um mancher geliebten Leser willen, mir selbst vorgreifen und, weil ich nicht weiß, ob ich so bald wieder zur Rede gelange, etwas aussprechen, wovon ich mich erst viel später überzeugte.

Obgleich jenes Dämonische sich in allem Körperlichen und Unkörperlichen manifestieren kann, ja bei den Tieren sich aufs merkwürdigste ausspricht, so steht es vorzüglich mit dem Menschen im wunderbarsten Zusammenhang und bildet eine der moralischen Weltordnung, wo nicht entgegengesetzte, doch sie durchkreuzende Macht, so daß man die eine für den Zettel[14], die andere für den Einschlag[15] könnte gelten lassen.

Für die Phänomene, welche hiedurch hervorgebracht werden, gibt es unzählige Namen: denn alle Philosophien und Religionen haben prosaisch und poetisch dieses Rätsel zu lösen und die Sache schließlich abzutun gesucht, welches ihnen noch fernerhin unbenommen bleibe.

Am furchtbarsten aber erscheint dieses Dämonische, wenn es in irgend einem Menschen überwiegend hervortritt. Während meines Lebensganges habe ich mehrere teils in der Nähe, teils in der Ferne beobachten können.[16] Es sind nicht immer die vorzüglichsten Menschen, weder an Geist noch an Talenten, selten durch Herzensgüte sich empfehlend; aber eine ungeheure Kraft geht von ihnen aus, und sie üben eine unglaubliche Gewalt über alle Geschöpfe, ja sogar über die Elemente, und wer kann sagen, wie weit sich eine solche Wirkung erstrecken wird? Alle vereinten sittlichen Kräfte vermögen nichts gegen sie; vergebens, daß der hellere Teil der Menschen sie als Betrogene oder als Betrüger verdächtig machen will, die Masse wird von ihnen angezogen. Selten oder nie finden sich Gleichzeitige ihresgleichen, und sie sind durch nichts zu überwinden, als durch das Universum selbst,

14. Längsfaden (Kette) eines Gewebes.
15. Querfäden eines Gewebes.
16. z. B. Napoleon.

mit dem sie den Kampf begonnen; und aus solchen Bemerkungen mag wohl jener sonderbare, aber ungeheure Spruch entstanden sein: *»Nemo contra deum nisi deus ipse.«*[17]
Von diesen höheren Betrachtungen kehre ich wieder in mein kleines Leben zurück, dem aber doch auch seltsame Ereignisse, wenigstens mit einem dämonischen Schein bekleidet, bevorstanden.
[...] Ein in Karlsruhe zurückgebliebener Kavalier, welcher einen in Straßburg verfertigten Landauer Wagen erwarte, werde an einem bestimmten Tage in Frankfurt eintreffen, ich solle mich bereit halten, mit ihm nach Weimar sogleich abzureisen. [...] nachdem ich überall Abschied genommen und den Tag meiner Abreise verkündet, sodann aber eilig eingepackt und dabei meiner ungedruckten Schriften nicht vergessen, erwartete ich die Stunde, die den gedachten Freund im neuen Wagen herbeiführen und mich in eine neue Gegend, in neue Verhältnisse bringen sollte. Die Stunde verging, der Tag auch, und da ich, um nicht zweimal Abschied zu nehmen, und überhaupt, um nicht durch Zulauf und Besuch überhäuft zu sein, mich seit dem besagten Morgen als abwesend angegeben hatte, so mußte ich mich im Hause, ja in meinem Zimmer still halten und befand mich daher in einer sonderbaren Lage.
Weil aber die Einsamkeit und Enge jederzeit für mich etwas sehr Günstiges hatte, indem ich solche Stunden zu nutzen gedrängt war, so schrieb ich an meinem »Egmont« fort und brachte ihn beinahe zustande. Ich las ihn meinem Vater vor, der eine ganz eigne Neigung zu diesem Stück gewann und nichts mehr wünschte, als es fertig und gedruckt zu sehen, weil er hoffte, daß der gute Ruf seines Sohnes dadurch sollte vermehrt werden. Eine solche Beruhigung und neue Zufriedenheit war ihm aber auch nötig: denn er machte über das Außenbleiben des Wagens die bedenklichsten Glossen. [...]
Ich selbst hielt zwar anfangs am Glauben fest, freute mich über die eingezogenen Stunden, die mir weder von Freunden noch Fremden, noch sonst einer geselligen Zerstreuung verkümmert wurden, und schrieb, wenn auch nicht ohne innere Agitation[18], am »Egmont« rüstig fort. Und diese

17. lat., »Nur ein Gott darf sich mit Göttern messen«.
18. lat., Unruhe, Erregung, innere Bewegung.

Gemütsstimmung mochte wohl dem Stück selbst zugute kommen, das, von so viel Leidenschaften bewegt, nicht wohl von einem ganz Leidenschaftslosen hätte geschrieben werden können.

[...] Der Wagen stand vor der Tür; aufgepackt war; der Postillon ließ das gewöhnliche Zeichen der Ungeduld erschallen; ich riß mich los; sie [Demoiselle Delph[19]] wollte mich noch nicht fahren lassen und brachte künstlich genug die Argumente der Gegenwart alle vor, so daß ich endlich leidenschaftlich und begeistert die Worte Egmonts ausrief:

»Kind, Kind! nicht weiter! Wie von unsichtbaren Geistern gepeitscht, gehen die Sonnenpferde der Zeit mit unsers Schicksals leichtem Wagen durch, und uns bleibt nichts, als, mutig gefaßt, die Zügel fest zu halten und bald rechts bald links, vom Steine hier vom Sturze da, die Räder abzulenken. Wohin es geht, wer weiß es? Erinnert er sich doch kaum, woher er kam!«

(Goethes Werke. Hrsg. von Robert Petsch. Leipzig 1926. Bd. 16)

Aus dem Essay »Über das deutsche Theater«:

Zwischen 3. und 21. Februar 1815

Die Gegenwart des vortrefflichen *Iffland* (1796) gab Gelegenheit zu Abkürzung *»Egmonts«*, wie das Stück noch bei uns und an einigen Orten gegeben wird.

Daß auch Schiller bei seiner Redaktion grausam verfahren, davon überzeugt man sich bei Vergleichung nachstehender Szenenfolge mit dem gedruckten Stücke selbst. Die persönliche Gegenwart der Regentin zum Exempel vermißt unser Publikum ungern; und doch ist in Schillers Arbeit eine solche Konsequenz, daß man nicht gewagt hat, sie wieder einzulegen, weil andre Mißverhältnisse in die gegenwärtige Form sich einschleichen würden ...

Wegen der letzten Erscheinung Klärchens sind die Meinungen geteilt; Schiller war dagegen, der Autor dafür; nach dem Wunsche des hiesigen Publikums darf sie nicht fehlen.

19. Helene Dorothea Delph (1728–1808); langjährige Freundin Goethes, die 1775 seine Verlobung mit Lili Schönemann zustande brachte.

Gespräch mit Johann Peter Eckermann und Hutton[20]:

Weimar, 10. Januar 1825

Das Gespräch lenkte sich auf den »Egmont«, und Goethe sagte darüber Folgendes: »Ich schrieb den ›Egmont‹ im Jahre 1775, also vor funfzig Jahren. Ich hielt mich sehr treu an die Geschichte und strebte nach möglichster Wahrheit. Als ich darauf zehn Jahre später in Rom war, las ich in den Zeitungen, daß die geschilderten revolutionären Szenen in den Niederlanden sich buchstäblich wiederholten. Ich sah daraus, daß die Welt immer dieselbige bleibt, und daß meine Darstellung einiges Leben haben mußte.«

Gespräch mit Eckermann:

Weimar, 18. Januar 1825

»Schillers Talent war recht für's Theater geschaffen. Mit jedem Stück schritt er vor und ward er vollendeter; doch war es wunderlich, daß ihm noch von den ›Räubern‹ her ein gewisser Sinn für das Grausame anklebte, der selbst in seiner schönsten Zeit ihn nie ganz verlassen wollte. So erinnere ich mich noch recht wohl, daß er im *›Egmont‹* in der Gefängnisszene, wo diesem das Urteil vorgelesen wird, den Alba in einer Maske und in einen Mantel gehüllt im Hintergrunde erscheinen ließ, um sich an dem Effekt zu weiden, den das Todesurteil auf Egmont haben würde. Hiedurch sollte sich der Alba als unersättlich in Rache und Schadenfreude darstellen. Ich protestierte jedoch, und die Figur blieb weg.«

Gespräch mit Eckermann:

Weimar, 25. Dezember 1825

»Man kann über Shakespeare gar nicht reden, es ist alles unzulänglich. ...

Er ist gar zu reich und zu gewaltig. Eine produktive Natur darf alle Jahr nur *ein* Stück von ihm lesen, wenn sie nicht an ihm zu Grunde gehen will. Ich tat wohl, daß ich durch meinen ›Götz von Berlichingen‹ und ›Egmont‹ ihn mir vom Halse schaffte, ...«

20. Kapitän, in Weimar lebender Engländer.

Gespräch mit Eckermann:

Weimar, 31. Januar 1827

»Manzoni[21] ... fehlt weiter nichts, als daß er selbst nicht weiß, welch' ein guter Poet er ist, und welche Rechte ihm als solchem zustehen. Er hat gar zu viel Respekt vor der Geschichte und fügt aus diesem Grunde seinen Stücken immer gern einige Auseinandersetzungen hinzu, in denen er nachweist, wie treu er den Einzelheiten der Geschichte geblieben. Nun mögen seine Fakta historisch sein, aber seine Charaktere sind es doch nicht, so wenig es mein Thoas und meine Iphigenie sind. Kein Dichter hat je die historischen Charaktere gekannt, die er darstellte, hätte er sie aber gekannt, so hätte er sie schwerlich so gebrauchen können. Der Dichter muß wissen, welche Wirkungen er hervorbringen will und danach die Natur seiner Charaktere einrichten. Hätte ich den Egmont so machen wollen, wie ihn die Geschichte meldet, als Vater von einem Dutzend Kindern, so würde sein leichtsinniges Handeln sehr absurd erschienen sein. Ich mußte also einen andern Egmont haben, wie er besser mit seinen Handlungen und meinen dichterischen Absichten in Harmonie stände; und dies ist, wie Klärchen sagt, *mein* Egmont.

Und wozu wären denn die Poeten, wenn sie bloß die Geschichte eines Historikers wiederholen wollten! Der Dichter muß weiter gehen und uns wo möglich etwas Höheres und Besseres geben. Die Charaktere des Sophokles tragen alle etwas von der hohen Seele des großen Dichters, so wie die Charaktere des Shakespeare von der seinigen. Und so ist es recht, und so soll man es machen. Ja Shakespeare geht noch weiter und macht seine Römer zu Engländern, und zwar wieder mit Recht, denn sonst hätte ihn seine Nation nicht verstanden.

Darin«, fuhr Goethe fort, »waren nun wieder die Griechen so groß, daß sie weniger auf die Treue eines historischen Faktums gingen, als darauf, wie es der Dichter behandelte.«

21. Alessandro Manzoni (1785–1873); ital. Dichter, bes. historischer Trauerspiele (»Il Conte di Carmagnola«, »Adelchi«) und des historischen Romans »I promessi sposi« (1827), den Goethe bewunderte (vgl. Kap. VII).

Gespräch mit Eckermann:

Weimar, 19. Februar 1829

Wir sprachen ... viel über »Egmont«, der am Abend vorher, nach der Bearbeitung von Schiller, gegeben worden, und es kamen die Nachteile zur Erwähnung, die das Stück durch diese Redaktion zu leiden hat.

Es ist in vielfacher Hinsicht nicht gut, sagte ich [Eckermann], daß die Regentin fehlt; sie ist vielmehr dem Stücke durchaus notwendig. Denn nicht allein, daß das Ganze durch diese Fürstin einen höheren, vornehmeren Charakter erhält, sondern es treten auch die politischen Verhältnisse, besonders in bezug auf den spanischen Hof, durch ihre Dialoge mit Machiavell durchaus reiner und entschiedener hervor.

»Ganz ohne Frage«, sagte Goethe. »Und dann gewinnt auch Egmont an Bedeutung durch den Glanz, den die Neigung der Fürstin auf ihn wirft, so wie auch Klärchen gehoben erscheint, wenn wir sehen, daß sie, selbst über Fürstinnen siegend, Egmonts ganze Liebe allein besitzt. Dieses sind alles sehr delikate Wirkungen, die man freilich ohne Gefahr für das Ganze nicht verletzen darf.«

Auch will mir scheinen, sagte ich, daß bei den vielen bedeutenden Männerrollen eine einzige weibliche Figur, wie Klärchen, zu schwach und etwas gedrückt erscheint. Durch die Regentin aber erhält das ganze Gemälde mehr Gleichgewicht. Daß von ihr im Stücke gesprochen wird, will nicht viel sagen; das persönliche Auftreten macht den Eindruck.

»Sie empfinden das Verhältnis sehr richtig«, sagte Goethe. »Als ich das Stück schrieb, habe ich, wie Sie denken können, alles sehr wohl abgewogen, und es ist daher nicht zu verwundern, daß ein Ganzes sehr empfindlich leiden muß, wenn man eine Hauptfigur herausreißt, die in's Ganze gedacht worden und wodurch das Ganze besteht. Aber Schiller hatte in seiner Natur etwas Gewaltsames; er handelte oft zu sehr nach einer vorgefaßten Idee, ohne hinlängliche Achtung vor dem Gegenstande, der zu behandeln war.«

Man möchte auf Sie schelten, sagte ich, daß Sie es gelitten und daß Sie in einem so wichtigen Fall ihm so unbedingte Freiheit gegeben.

»Man ist oft gleichgültiger als billig«, antwortete Goethe. »Und dann war ich in jener Zeit mit anderen Dingen tief beschäftigt. Ich hatte so wenig ein Interesse für ›Egmont‹ wie für das Theater; ich ließ ihn gewähren. Jetzt ist es wenigstens ein Trost für mich, daß das Stück gedruckt dasteht, und daß es Bühnen gibt, die verständig genug sind, es treu und ohne Verkürzung ganz so aufzuführen, wie ich es geschrieben.«

Aus »Dichtung und Wahrheit«, 4. Teil, 19. u. 20. Buch:

Weimar, zwischen November 1830 und März 1831

[Zu 1773 bis Oktober 1775.] Nachdem ich im »Götz von Berlichingen« das Symbol einer bedeutenden Weltepoche nach meiner Art abgespiegelt hatte, sah ich mich nach einem ähnlichen Wendepunkt der Staatengeschichte sorgfältig um. Der Aufstand der Niederlande gewann meine Aufmerksamkeit. In »Götz« war es ein tüchtiger Mann, der untergeht in dem Wahn: zu Zeiten der Anarchie[22] sei der wohlwollende Kräftige von einiger Bedeutung. Im »Egmont« waren es fest gegründete Zustände, die sich vor strenger, gut berechneter Despotie[23] nicht halten können. Meinen Vater hatte ich davon auf das lebhafteste unterhalten, was zu tun sei, was ich tun wollte, daß ihm dies so unüberwindliches Verlangen gab, dieses in meinem Kopf schon fertige Stück auf dem Papiere, es gedruckt, es bewundert zu sehen.

Hatt' ich in den frühern Zeiten, da ich noch hoffte, Lili[24] mir zuzueignen, meine ganze Tätigkeit auf Einsicht und Ausübung bürgerlicher Geschäfte gewendet, so traf es gerade jetzt, daß ich die fürchterliche Lücke, die mich von ihr trennte, durch Geistreiches und Seelenvolles auszufüllen hatte. Ich fing also wirklich »Egmont« zu schreiben an, und zwar nicht wie den ersten »Götz von Berlichingen« in Reih und Folge, sondern ich griff nach der ersten Einleitung gleich die Hauptszenen an, ohne mich um die allenfallsigen

22. griech., Gesetzlosigkeit, Herrschaftslosigkeit.
23. griech., Gewaltherrschaft, Tyrannei.
24. Lili Schönemann (1758–1817); Bankierstochter. Goethe hatte sie im Januar 1775 kennengelernt, sich Ostern mit ihr verlobt und im Oktober das Verlöbnis gelöst. Die Beziehung fand ihren Niederschlag in den Lili-Gedichten und in der Dramengestalt der Stella (1775).

Verbindungen zu bekümmern. Damit gelangte ich weit, indem ich bei meiner läßlichen Art zu arbeiten von meinem Vater, es ist nicht übertrieben, Tag und Nacht angespornt wurde, da er das so leicht Entstehende auch leicht vollendet zu sehen glaubte.

Zwanzigstes Buch

So fuhr ich denn am »Egmont« zu arbeiten fort, und wenn dadurch in meinen leidenschaftlichen Zustand einige Beschwichtigung eintrat, so half mir auch die Gegenwart eines wackern Künstlers über manche böse Stunden hinweg, und ich verdankte hier, wie schon so oft, einem unsichern Streben nach praktischer Ausbildung einen heimlichen Frieden der Seele in Tagen, wo er sonst nicht wäre zu hoffen gewesen.

(Goethes Werke, a. a. O.)

V. Dokumente zur Wirkungsgeschichte

1. Zeitgenössische Äußerungen

In seinem Brief vom 14. August 1787 hatte Goethe von Rom aus den Komponisten Kayser um eine passende Musik zum »Egmont« gebeten (vgl. Kap. IV), von deren Verwendung und Verbleib aber nichts bekannt ist. Die von Johann Friedrich Reichardt (1752–1814) 1791 komponierte Musik wurde zuerst 1801 in Berlin aufgeführt; jedoch erst die Komposition Beethovens von 1810, die zuerst 1814 in Weimar gespielt wurde (vgl. Kap. VI) setzte sich durch und wird heute noch vielfach bei Aufführungen verwandt. Am 12. April 1811 schrieb Beethoven an Goethe (vgl. dazu Kap. IV Goethes Antwortbrief vom 25. Juni 1811):

»Euer Exzellenz! [...] Bettine Brentano[1] hat mich versichert, daß Sie mich gütig ja sogar freundschaftlich aufnehmen würden. Wie könnte ich aber an eine solche Aufnahme denken, indem ich nur imstande bin, Ihnen mit der größten Ehrerbietung mit einem unaussprechlichen tiefen Gefühl für Ihre herrlichen Schöpfungen zu nahen. Sie werden nächstens die Musik zu Egmont von Leipzig durch Breitkopf und Härtel[2] erhalten; diesem herrlichen Egmont, den ich, indem ich ihn ebenso warm, als ich ihn gelesen, wieder durch Sie gedacht, gefühlt und in Musik gegeben habe. Ich wünsche sehr, Ihr Urteil darüber zu wissen; auch der Tadel wird mir für mich und meine Kunst ersprießlich sein und so gern wie das größte Lob aufgenommen werden.

Euer Exzellenz großer Verehrer Ludwig van Beethoven«

(Ludwig van Beethovens sämtliche Briefe. Hrsg. von Emerich Kastner, bearb. von Julius Kapp. Leipzig [1923]. S. 188)

Im September 1788 veröffentlichte Friedrich Schiller anonym in der »Jenaischen Allgemeinen Literaturzeitung« folgende Rezension des »Egmont« als Anzeige von »Goethes Schriften«, Band 5:

1. (1785–1859); Dichterin, schwärmerische Verehrerin Goethes. Schwester von Clemens von Brentano, mit Achim von Arnim verheiratet.
2. Buch-, Kunst- und Musikalienverlag.

»Über Egmont, Trauerspiel von Goethe. Leipzig, bei Göschen: *Goethes Schriften.* Fünfter Band. 388 S. 8°

Dieser fünfte Band der G. Schriften, der durch eine Vignette[3] und Titelkupfer, von der Ang. Kaufmann gezeichnet und von Lips in Rom gestochen, verschönert wird, enthält außer einem ganz neuen Stück, *Egmont,* die zwei schon längst bekannten Singspiele *Claudine von Villa Bella* und *Erwin und Elmire,* beide nunmehr in Jamben und durchaus sehr verändert. Ihre Beurteilung versparen wir, bis die ganze Ausgabe vollendet sein wird, und verweilen uns jetzt bloß bei dem Trauerspiele Egmont, das auch besonders zu haben ist, als einer ganz neuen Erscheinung.
Entweder es sind außerordentliche *Handlungen* und *Situationen,* oder es sind *Leidenschaften,* oder es sind *Charaktere,* die dem tragischen Dichter zum Stoff dienen; und wenn gleich oft alle diese drei, als Ursach und Wirkung, in Einem Stücke sich beisammen finden, so ist doch immer das eine oder das andere vorzugsweise der letzte Zweck der Schilderung gewesen. Ist die Begebenheit oder Situation das Hauptaugenmerk des Dichters, so braucht er sich nur insofern in die Leidenschaft- und Charakterschilderung einzulassen, als er jene durch diese herbei führt. Ist hingegen die Leidenschaft sein Hauptzweck, so ist ihm oft die unscheinbarste Handlung schon genug, wenn sie jene nur ins Spiel setzt. Ein am unrechten Orte gefundenes Schnupftuch veranlaßt eine Meisterszene im Mohren von Venedig. Ist endlich der Charakter sein vorzüglicheres Augenmerk, so ist er in der Wahl und Verknüpfung der Begebenheiten noch viel weniger gebunden, und die ausführliche Darstellung des *ganzen* Menschen verbietet ihm sogar, Einer Leidenschaft zu viel Raum zu geben. Die alten Tragiker haben sich beinahe einzig auf Situationen und Leidenschaften eingeschränkt. Darum findet man bei ihnen auch nur wenig Individualität, Ausführlichkeit und Schärfe der Charakteristik. Erst in neuern Zeiten, und in diesen erst seit Shakespeare, wurde die Tragödie mit der dritten Gattung bereichert; er war der erste, der in seinem Macbeth, Richard III. usw. ganze Menschen und Menschenleben auf die Bühne brachte, und in

3. lat., Ranke als Buchverzierung; Zierbildchen, bes. zu Beginn oder am Ende eines Kapitels.

Deutschland gab uns der Verfasser des Götz von Berlichingen das erste Muster in dieser Gattung. Es ist hier nicht der Ort zu untersuchen, wie viel oder wie wenig sich diese neue Gattung mit dem letzten Zwecke der Tragödie, Furcht und Mitleid zu erregen, verträgt; genug, sie ist einmal vorhanden, und ihre Regeln sind bestimmt.

Zu dieser letzten Gattung nun gehört das vorliegende Stück, und es ist leicht einzusehen, inwiefern die vorangeschickte Erinnerung mit demselben zusammenhängt. Hier ist keine hervorstechende Begebenheit, keine vorwaltende Leidenschaft, keine Verwickelung, kein dramatischer Plan, nichts von dem allem; – eine bloße Aneinanderstellung mehrerer einzelner Handlungen und Gemälde, die beinahe durch nichts als durch den Charakter zusammengehalten werden, der an allen Anteil nimmt, und auf den sich alle beziehen. Die Einheit dieses Stücks liegt also weder in den Situationen noch in irgend einer Leidenschaft, sondern sie liegt in dem *Menschen.* Egmonts wahre Geschichte konnte dem Verf. auch nicht viel mehreres liefern. Seine Gefangennehmung und Verurteilung hat nichts Außerordentliches, und sie selbst ist auch nicht die Folge irgend einer einzelnen interessanten Handlung, sondern vieler kleinern, die der Dichter alle nicht brauchen konnte, wie er sie fand, die er mit der Katastrophe auch nicht so genau zusammenknüpfen konnte, daß sie *eine* dramatische Handlung mit ihr ausmachten. Wollte er also diesen Gegenstand in einem Trauerspiel behandeln, so hatte er die Wahl, entweder eine ganz neue Handlung zu dieser Katastrophe zu erfinden, diesem Charakter, den er in der Geschichte vorfand, irgend eine herrschende Leidenschaft unterzulegen oder ganz und gar auf diese zwo Gattungen der Tragödie Verzicht zu tun und den Charakter selbst, von dem er hingerissen war, zu seinem eigentlichen Vorwurf zu machen. Und dieses letztere, das Schwerere unstreitig, hat er vorgezogen, weniger vermutlich aus zu großer Achtung für die historische Wahrheit, als weil er die Armut seines Stoffs durch den Reichtum seines Genies ersetzen zu können fühlte.

In diesem Trauerspiel also – oder Rez. müßte sich ganz in dem Gesichtspunkte geirret haben – wird ein Charakter aufgeführt, der in einem bedenklichen Zeitlauf, umgeben von den Schlingen einer arglistigen Politik, in nichts als sein

Verdienst eingehüllt, voll übertriebenen Vertrauens zu seiner gerechten Sache, die es aber nur für ihn allein ist, gefährlich wie ein Nachtwanderer auf jäher Dachspitze wandelt. Diese übergroße Zuversicht, von deren Ungrund wir unterrichtet werden, und der unglückliche Ausschlag derselben sollen uns Furcht und Mitleiden einflößen oder uns tragisch rühren – und diese Wirkung wird erreicht.
In der Geschichte ist Egmont kein *großer* Charakter, er ist es auch in dem Trauerspiele nicht. Hier ist er ein wohlwollender, heiterer und offener Mensch, Freund mit der ganzen Welt, voll leichtsinnigen Vertrauens zu sich selbst und zu andern, frei und kühn, als ob die Welt ihm gehörte, brav und unerschrocken, wo es gilt, dabei großmütig, liebenswürdig und sanft, im Charakter der schöneren Ritterzeit, prächtig und etwas Prahler, sinnlich und verliebt, ein fröhliches Weltkind – alle diese Eigenschaften in eine lebendige, menschliche, durchaus wahre und individuelle Schilderung verschmolzen, die der verschönernden Kunst nichts, auch gar nichts zu danken hat. Egmont ist ein Held, aber auch ganz nur ein flämischer Held, ein Held des sechzehnten Jahrhunderts; Patriot, jedoch ohne sich durch das allgemeine Elend in seinen Freuden stören zu lassen; Liebhaber, ohne darum weniger Essen und Trinken zu lieben. Er hat Ehrgeiz, er strebt nach einem großen Ziele, aber das hält ihn nicht ab, jede Blume aufzulesen, die er auf seinem Wege findet, hindert ihn nicht, des Nachts zu seinem Liebchen zu schleichen, das kostet ihm keine schlaflosen Nächte. Tolldreist wagt er bei St. Quentin und Gravelingen sein Leben, aber er möchte weinen, wenn er von dieser freundlichen süßen Gewohnheit des Daseins und Wirkens scheiden soll. ›Leb ich nur‹, so schildert er sich selbst, ›um aufs Leben zu denken? Soll ich den gegenwärtigen Augenblick nicht genießen, damit ich des folgenden gewiß sei? Und diesen wieder mit Sorgen und Grillen verzehren? – Wir haben die und jene Torheit in einem lustigen Augenblick empfangen und geboren, sind schuld, daß eine ganze edle Schar mit Bettelsäcken und mit einem selbstgewählten Unnamen dem König seine Pflicht mit spottender Demut ins Gedächtnis rief, sind schuld – was ists nun weiter? Ist ein Fastnachtsspiel gleich Hochverrat? Sind uns die kurzen bunten Lumpen zu mißgönnen, die ein jugendlicher Mut um unsers

Lebens arme Blöße hängen mag? Wenn ihr das Leben gar zu ernsthaft nehmt, was ist denn dran? Scheint mir die Sonne heut, um das zu überlegen, was gestern war?‹ – Durch seine schöne Humanität, nicht durch Außerordentlichkeit, soll dieser Charakter uns rühren; wir sollen ihn lieb gewinnen, nicht über ihn erstaunen. Diesem letztern scheint der Dichter so sorgfältig aus dem Wege gegangen zu sein, daß er ihm eine Menschlichkeit über die andere beilegt, um ja seinen Helden zu uns herabzuziehen, – daß er ihm endlich nicht einmal so viel Größe und Ernst mehr übrig läßt, als unsrer Meinung nach unumgänglich erfordert wird, diesen Menschlichkeiten selbst das höchste Interesse zu verschaffen. Wahr ist es, solche Züge menschlicher Schwachheit ziehen oft unwiderstehlich an – in einem *Heldengemälde*, wo sie mit großen Handlungen in schöner Mischung zerfließen. Heinrich IV. von Frankreich kann uns nach dem glänzendsten Siege nicht interessanter sein als auf einer nächtlichen Wanderung zu seiner Gabriele; aber durch welche strahlende Tat, durch was für *gründliche* Verdienste hat sich Egmont bei uns das Recht auf eine ähnliche Teilnahme und Nachsicht erworben? Zwar heißt es, diese Verdienste werden als schon geschehen vorausgesetzt, sie leben im Gedächtnis der ganzen Nation, und alles, was er spricht, atmet den Willen und die Fähigkeit, sie zu erwerben. Richtig! Aber das ist eben das Unglück, daß wir seine *Verdienste* von *Hörensagen* wissen und auf Treu und Glauben anzunehmen gezwungen werden, – seine *Schwachheiten* hingegen mit unsern *Augen* sehen. Alles weiset auf diesen Egmont hin, als auf die letzte Stütze der Nation, und was tut er eigentlich Großes, um dieses ehrenvolle Vertrauen zu verdienen? (denn folgende Stelle darf man doch wohl nicht dagegen anführen: ›*Die* Leute‹, sagt Egmont, ›erhalten sie (die Liebe) auch meist allein, die nicht darnach jagen.‹ *Klärchen.* ›Hast du diese stolze Anmerkung über dich selbst gemacht? du, den alles Volk liebt?‹ *Egmont.* ›Hätte ich nur etwas für sie getan! Es ist ihr guter Wille, mich zu lieben.‹) Ein großer Mann soll er nicht sein, aber auch erschlaffen soll er nicht; eine relative Größe, einen gewissen Ernst verlangen wir mit Recht von jedem Helden eines Stückes; wir verlangen, daß er über dem Kleinen nicht das Große hintansetze, daß er die Zeiten nicht verwechsele. Wer wird z. B.

folgendes billigen? Oranien ist eben von ihm gegangen; Oranien, der ihn mit allen Gründen der Vernunft auf sein nahes Verderben hingewiesen, der ihn, wie uns Egmont selbst gesteht, durch diese Gründe erschüttert hat. ›Dieser Mann‹, sagt er, ›trägt seine Sorglichkeit in mich herüber: – Weg – das ist ein fremder Tropfen in meinem Blute. Gute Natur, wirf ihn wieder heraus! *Und von meiner Stirne die sinnenden Runzeln wegzubaden, gibt es ja wohl noch ein freundlich Mittel.*‹ Dieses freundliche Mittel nun – wer es noch nicht weiß – ist kein andres als ein Besuch beim Liebchen! Wie? Nach einer so ernsten Aufforderung keinen andern Gedanken als nach Zerstreuung? Nein, guter Graf Egmont! Runzeln, wo sie hingehören, und freundliche Mittel, wo sie hingehören! Wenn es Euch zu beschwerlich ist, Euch Eurer eignen Rettung anzunehmen, so mögt Ihrs haben, wenn sich die Schlinge über Euch zusammenzieht. Wir sind nicht gewohnt, unser Mitleid zu verschenken.

Hätte also die Einmischung dieser Liebesangelegenheit dem Interesse wirklich Schaden getan, so wäre dieses doppelt zu beklagen, da der Dichter noch obendrein der historischen Wahrheit Gewalt antun mußte, um sie hervorzubringen. In der Geschichte nämlich war Egmont verheiratet und hinterließ neun (andere sagen eilf) Kinder, als er starb. Diesen Umstand konnte der Dichter wissen und nicht wissen, wie es sein Interesse mit sich brachte; aber er hätte ihn nicht vernachlässigen sollen, sobald er Handlungen, welche natürliche Folgen waren, in sein Trauerspiel aufnahm. Der wahre Egmont hatte durch eine prächtige Lebensart sein Vermögen äußerst in Unordnung gebracht und *brauchte also* den König, wodurch seine Schritte in der Republik sehr gebunden wurden. Besonders aber war es seine Familie, was ihn auf eine so unglückliche Art in Brüssel zurückhielt, da fast alle seine übrigen Freunde sich durch die Flucht retteten. Seine Entfernung aus dem Lande hätte ihm nicht bloß die reichen Einkünfte von zwo Statthalterschaften gekostet; sie hätte ihn auch zugleich um den Besitz aller seiner Güter gebracht, die in den Staaten des Königs lagen und sogleich dem Fiskus anheim gefallen sein würden. Aber weder er selbst, noch seine Gemahlin, eine Herzogin von Bayern, waren gewohnt, Mangel zu ertragen; auch seine Kinder waren nicht dazu erzogen. Diese Gründe setzte er selbst bei mehreren

Gelegenheiten dem Pr. v. O., der ihn zur Flucht bereden wollte, auf eine rührende Art entgegen; diese Gründe waren es, die ihn so geneigt machten, sich an dem schwächsten Aste von Hoffnung zu halten und sein Verhältnis zum König von der besten Seite zu nehmen. Wie zusammenhängend, wie menschlich wird nunmehr sein ganzes Verhalten! Er wird nicht mehr das Opfer einer blinden törichten Zuversicht, sondern der übertrieben ängstlichen Zärtlichkeit für die Seinigen. Weil er zu fein und zu edel denkt, um einer Familie, die er über alles liebt, ein hartes Opfer zuzumuten, stürzt er sich selbst ins Verderben. Und nun der Egmont im Trauerspiel! – Indem der Dichter ihm Gemahlin und Kinder *nimmt,* zerstört er den ganzen Zusammenhang seines Verhaltens. Er ist ganz gezwungen, dieses unglückliche *Bleiben* aus einem leichtsinnigen Selbstvertrauen entspringen zu lassen, und verringert dadurch gar sehr unsre Achtung für den Verstand seines Helden, ohne ihm diesen Verlust von Seiten des Herzens zu ersetzen. Im Gegenteil – er bringt uns um das rührende Bild eines Vaters, eines liebenden Gemahls, – um uns einen Liebhaber von ganz gewöhnlichem Schlag dafür zu geben, der die Ruhe eines liebenswürdigen Mädchens, das ihn nie besitzen und noch weniger seinen Verlust überleben wird, zu Grund richtet, dessen Herz er nicht einmal besitzen kann, ohne eine Liebe, die glücklich hätte werden können, vorher zu zerstören, der also, mit dem besten Herzen zwar, zwei Geschöpfe unglücklich macht, *um die sinnenden Runzeln von seiner Stirne wegzubaden.* Und alles dieses kann er noch außerdem erst nur auf Unkosten der historischen Wahrheit möglich machen, die der dramatische Dichter allerdings hintansetzen darf, um das Interesse seines Gegenstandes zu *erheben,* aber nicht, um es zu *schwächen.* Wie teuer läßt er uns also diese Episode bezahlen, die, an sich betrachtet, gewiß eines der schönsten Gemälde ist, die in einer größern Komposition, wo sie von verhältnismäßig großen Handlungen aufgewogen würde, von der höchsten Wirkung würde gewesen sein.

Egmonts tragische Katastrophe fließt aus seinem politischen Leben, aus seinem Verhältnis zu der Nation und zu der Regierung. Eine Darstellung des damaligen politischbürgerlichen Zustandes der Niederlande mußte daher seiner Schilderung zum Grund liegen, oder vielmehr selbst einen Teil der dramatischen Handlung mit ausmachen. Betrachtet man nun, wie wenig sich Staatsaktionen überhaupt dramatisch behandeln lassen, und was für Kunst dazu gehöre, so viele zerstreute Züge in Ein faßliches, lebendiges Bild zusammenzutragen und das Allgemeine wieder im Individuellen anschaulich zu machen, wie z. B. Shakespeare in seinem J. Cäsar getan hat; betrachtet man ferner das Eigentümliche der Niederlande, die nicht Eine Nation, sondern ein Aggregat mehrerer kleinen sind, die unter sich aufs schärfste kontrastieren, sodaß es unendlich leichter war, uns nach *Rom* als nach *Brüssel* zu versetzen; betrachtet man endlich, wie unzählig viele kleine Dinge zusammenwirkten, um den Geist jener Zeit und jenen politischen Zustand der Niederlande hervorzubringen: so wird man nicht aufhören können, das schöpferische Genie zu bewundern, das alle diese Schwierigkeiten besiegt und uns mit einer Kunst, die nur von derjenigen erreicht wird, womit es uns selbst in zwei andern Stücken in die Ritterzeiten Deutschlands und nach Griechenland versetzte, nun auch in diese Welt gezaubert hat. Nicht genug, daß wir diese Menschen vor uns leben und wirken sehen, wir wohnen unter ihnen, wir sind alte Bekannte von ihnen. Auf der einen Seite die fröhliche Geselligkeit, die Gastfreundlichkeit, die Redseligkeit, die Großtuerei dieses Volks, der republikanische Geist, der bei der geringsten Neuerung aufwallt und sich oft eben so schnell auf die seichtesten Gründe wieder gibt; auf der andern die Lasten, unter denen es jetzt seufzt, von den neuen Bischofsmützen an bis auf die französischen Psalmen, die es nicht singen soll; – nichts ist vergessen, nichts ohne die höchste Natur und Wahrheit herbeigeführt. Wir sehen hier nicht bloß den gemeinen Haufen, der sich überall gleich ist, wir erkennen darin den Niederländer und zwar den Niederländer dieses und keines andern Jahrhunderts; in diesem unterscheiden wir noch den Brüssler, den Holländer, den Friesen, und selbst unter diesen noch den Wohlhabenden und den Bettler, den Zimmermeister und den Schneider. So etwas läßt sich nicht wollen, nicht erzwingen durch Kunst. – Das kann nur der Dichter, der von seinem Gegenstand ganz durchdrungen ist. Diese Züge entwischen ihm, wie sie demjenigen, den er dadurch schildert, entwischen, ohne daß er es will oder gewahr wird; ein Beiwort, ein Komma zeichnet einen Charak-

ter. Buyck, ein Holländer und Soldat unter Egmont, hat beim Armbrustschießen das Beste gewonnen und will, als König, die Herren gastieren. Das ist aber wider den Gebrauch.
›B u y c k. Ich bin fremd und König und achte eure Gesetze und Herkommen nicht.
J e t t e r *ein Schneider aus Brüssel.* Du bist ja ärger als der Spanier, der hat sie uns doch bisher lassen müssen.
R u y s u m *ein Friesländer.* Laßt ihn! doch ohne Präjudiz! Das ist auch seines Herren Art, splendid zu sein und es laufen zu lassen, wo es gedeiht!‹
Wer glaubt nicht, in diesem *doch ohne Präjudiz* den zähen, auf seine Vorrechte wachsamen Friesen zu erkennen, der sich auch bei der kleinsten Bewilligung noch durch eine Klausel verwahrt. Wie wahr, wenn sich die Bürger von ihren Regenten unterreden: –
›Das war ein Herr! *(Von Karl V. spricht er)* Er hatte die Hand über den ganzen Erdboden und war euch alles in allem – und wenn er euch begegnete, so grüßt er euch, wie ein Nachbar den andern usf. – Haben wir doch alle geweint, wie er seinem Sohn das Regiment hier abtrat – sagt ich, versteht mich – der ist schon anders, der ist majestätischer.
J e t t e r. Er spricht wenig, sagen die Leute.
S o e s t. Er ist kein Herr für uns Niederländer. Unsere Fürsten müssen froh und frei sein wie wir, leben und leben lassen‹ usw.
Wie treffend schildert er uns durch einen einzigen Zug das Elend jener Zeiten: Egmont geht über die Straße, und die Bürger sehen ihm mit Bewunderung nach.
›Z i m m e r m e i s t e r. Ein schöner Herr!
J e t t e r. Sein Hals wäre ein rechtes Fressen für einen Scharfrichter.‹
Die wenigen Szenen, wo sich die Bürger von Brüssel unterreden, scheinen uns das Resultat eines tiefen Studiums jener Zeiten und jenes Volks zu sein, und schwerlich findet man in so wenigen Worten ein schöneres historisches Denkmal für jene Geschichte.
Mit nicht geringerer Wahrheit ist derjenige Teil des Gemäldes behandelt, der uns von dem Geiste der Regierung und den Anstalten des Königs zu Unterdrückung des niederlän-

dischen Volks unterrichtet. Milder und menschlicher ist doch hier alles, und sehr veredelt ist besonders der Charakter der *Herzogin von Parma.* ›Ich weiß, daß einer ein ehrlicher und verständiger Mann sein kann, wenn er gleich den nächsten und besten Weg zum Heil seiner Seele verfehlt hat‹ konnte eine Zöglingin des Ignatius Loyola[4] wohl nicht sagen. Besonders gut verstand es der Dichter, durch eine gewisse *Weiblichkeit*, die er aus ihrem sonst *männischen* Charakter sehr glücklich hervorscheinen läßt, das kalte Staatsinteresse, dessen Exposition[5] er ihr anvertrauen mußte, mit Licht und Wärme zu beseelen und ihm eine gewisse Individualität und Lebendigkeit zu geben. Vor seinem *Herzog von Alba* zittern wir, ohne uns mit Abscheu von ihm wegzukehren; es ist ein fester, starrer, unzugänglicher Charakter, *›ein eherner Turm ohne Pforte, wozu die Besatzung Flügel haben muß‹*. Die kluge Vorsicht, womit er die Anstalten zu Egmonts Verhaftung trifft, ersetzt ihm an unsrer Bewunderung, was ihm an unserm Wohlwollen abgeht. Die Art, wie er uns in seine innerste Seele hineinführt und uns auf den Ausgang seines Unternehmens spannt, macht uns auf einen Augenblick zu Teilhabern desselben, wir interessieren uns dafür, als gält es etwas, das uns lieb ist.

Meisterhaft erfunden und ausgeführt ist die Szene Egmonts mit dem jungen Alba im Gefängnis, und sie gehört dem Verf. ganz allein. Was kann rührender sein, als wenn ihm dieser Sohn seines Mörders die Achtung bekennt, die er längst im stillen gegen ihn getragen. ›Dein Name wars, der mir in meiner ersten Jugend gleich einem Stern des Himmels entgegenleuchtete. Wie oft hab ich nach dir gehorcht, gefragt! Des Kindes Hoffnung ist der Jüngling, des Jünglings der Mann. So bist du vor mir hergeschritten, immer vor, und ohne Neid sah ich dich vor und schritt dir nach und fort und fort. Nun hofft ich endlich dich zu sehen und sah dich, und mein Herz flog dir entgegen. Nun hofft ich erst mit dir zu sein, mit dir zu leben, dich zu fassen, dich – Das ist nun alles weggeschnitten, und ich sehe dich hier!‹ – Und wenn ihm Egmont darauf antwortet: ›War dir mein Leben ein Spiegel, in welchem du dich gern betrachtetest, so sei es auch mein Tod. Die Menschen sind nicht bloß zusam-

4. (1491–1556); Spanier, Gründer des Jesuitenordens.
5. lat., Erörterung, Darlegung, Einführung, bes. im Drama.

men, wenn sie beisammen sind, auch der Entfernte, der Abgeschiedene lebt uns. Ich lebe dir und habe mir genug gelebt. Eines jeden Tages hab ich mich gefreut‹ usf. – Die übrigen Charaktere im Stück sind mit wenigem treffend gezeichnet; eine einzige Szene schildert uns den schlauen, wortkargen, alles verknüpfenden und alles fürchtenden Oranien. Alba sowohl als Egmont malen sich in den Menschen, die ihnen nahe sind; diese Schilderungsart ist vortrefflich. Um alles Licht auf den einzigen Egmont zu versammeln, hat der Dichter ihn ganz isoliert, darum auch der Graf von Hoorne, der Ein Schicksal mit ihm hatte, weggeblieben ist. Ein ganz neuer Charakter ist Brackenburg, Klärchens Liebhaber, den Egmont verdrängt hat. Dieses Gemälde des melancholischen Temperaments mit leidenschaftlicher Liebe wäre einer eigenen Auseinandersetzung wert. Klärchen, die ihn für Egmont aufgegeben, hat Gift genommen und geht ab, nachdem sie ihm den Rest zurückgelassen. Er sieht sich allein. Wie schrecklich schön ist diese Schilderung: ›Sie läßt mich stehn, mir selber überlassen. Sie teilt mit mir den Todestropfen und schickt mich weg! von ihrer Seite weg! Sie zieht mich an, und stößt ins Leben mich zurück. O Egmont, welch preiswürdig Los fällt dir! Sie geht voran; sie bringt den ganzen Himmel dir entgegen! Und soll ich folgen? *wieder* seitwärts stehn? den unauslöschlichen Neid in jene Wohnungen hinübertragen? Auf Erden ist kein Bleiben mehr für mich, und Höll und Himmel bieten gleiche Qual.‹ – Klärchen selbst ist unnachahmlich schön und wahr gezeichnet. Auch im höchsten Adel ihrer Unschuld noch das gemeine Bürgermädchen, und ein Niederländisches Mädchen – durch nichts veredelt als durch ihre Liebe, reizend im Zustand der Ruhe, hinreißend und herrlich im Zustand des Affekts.[6] Aber wer zweifelt, daß der Verf. in einer Manier unübertrefflich sei, worin er sein eigenes Muster ist!

Je höher die Illusion in dem Stück getrieben ist, desto unbegreiflicher wird man es finden, daß der Verf. selbst sie mutwillig zerstört. Egmont hat alle seine Angelegenheiten berichtigt und schlummert endlich, von Müdigkeit überwältigt, ein. Eine Musik läßt sich hören, und hinter seinem Lager scheint sich die Mauer aufzutun, eine glänzende Er-

6. lat., Gefühlsaufwallung, Gemütsbewegung.

scheinung, die Freiheit, in Klärchens Gestalt, zeigt sich in einer Wolke. – Kurz, mitten aus der wahrsten und rührendsten Situation werden wir durch einen Salto mortale in eine Opernwelt versetzt, um einen Traum – zu *sehen*. Lächerlich würde es sein, dem Vf. dartun zu wollen, wie sehr er sich dadurch an Natur und Wahrheit versündigt habe; das hat er so gut und besser gewußt als wir; aber ihm schien die Idee, Klärchen und die Freiheit, Egmonts beide herrschende Gefühle, in Egmonts Kopf allegorisch zu verbinden, sinnreich genug, um diese Freiheit allenfalls zu entschuldigen. Gefalle dieser Gedanke, wem er will – Rez. gesteht, daß er gern einen *witzigen* Einfall entbehrt hätte, um eine *Empfindung* ungestört zu genießen.«

(Schillers Werke. Nationalausgabe. Bd. 21. Hrsg. von Herbert Meyer. Weimar 1958. S. 199–209)

Caroline Herder (1750–1809), die Frau Johann Gottfried Herders, an ihren in Italien reisenden Mann über ein Gespräch mit Karl Philipp Moritz[7], der sich während des Winters 1788/89 in Weimar aufhielt:

Weimar, 25. Dezember 1788

[...] wir kamen auf Goethens Werke; da sagte er mir, wie er durch das Studium der Perspective darauf gekommen sei, den Mittelpunkt in einem Stück aufzusuchen; den müsse man nun nicht am Ende des Stücks, sondern in der Mitte suchen, so wie alle Radien vom Mittelpunkt ausgehen, und sich in den Anfang und Ende verlieren. So ist in *Egmont* der Mittelpunkt die Scene, da Clärchen vor Egmont kniet, und frägt: »Bist Du der Egmont etc.«, und er antwortet: »Nein, der Egmont bin ich nicht etc., Dein Egmont bin ich«, und Clärchen: »So laß mich sterben! die Welt hat keine Freuden auf diese.« Hier sei der höchste Punkt des Stücks. *Er und Clärchen.* Politik ist ihm nichts gegen *dieses* Verhältniß; an dieser Scene hängt nun sein Tod und Clärchens freiwilliger Tod. [...] Mich dünkt, es sei eine gute und leichte Art, die Sache, worauf es ankommt, zu suchen. Er selbst hat hier nur erst den glücklichen Fund durch das

7. (1756–93); vom Pietismus beeinflußter Erzähler (autobiographischer Roman »Anton Reiser«, Reclams Universal-Bibliothek Nr. 4813–18), Verfasser philosophischer, mythologischer und ästhetischer Schriften.

Studium der Perspective gethan, und ist selbst darüber in seiner gehaltenen Gemüthsart sehr zufrieden, weil Goethe ihm Recht gibt.

(Herders Reise nach Italien. Herders Briefwechsel mit seiner Gattin, vom August 1788 bis Juli 1789. Hrsg. von Heinrich Düntzer u. Ferdinand Gottfried von Herder. Gießen 1859. S. 203 f.)

Rezension des fünften Bandes von »Goethe's Schriften« in der »Nürnbergischen gelehrten Zeitung« vom 17. März 1789:

»In diesem fünften Bande schenkt uns der große vaterländische Dichter ein Trauerspiel, *Egmont*, auf das wir und unsere Nachkommen stolz seyn können, das fast alle dramatische Schönheiten in einem hohen Grade in sich vereiniget, und nicht bloß im Feuerdrange des Genie's hingeworfen, sondern auch mit dem Kunstmeißel des ruhig prüfenden Geschmacks bis in die kleinste Falte ausgearbeitet ist. Hier kann sich die Kritik über keine Regellosigkeit weder in der Anlage, noch in der Sprache beklagen, obgleich jeder Kenner die getreueste Wahrheit in den Charaktern, den Handlungen und dem Ausdruck, sowohl des großen, als des gemeinen Mannes, finden wird. Die Charaktere sind mit tiefer Menschenkenntniß entworfen, gegen einander gehalten und ausgeführt. [...] – Wie so ganz ist alles, Gedanke und Empfindung, aus der Seele und dem Charakter des Leidenden herausgeschrieben! Welche Sprache, welcher Wohllaut! In der letzten Scene wagt Hr. Göthe etwas auf dem Theater ganz Neues – eine allegorische Erscheinung. Egmont schläft. Musik begleitet seinen Schlummer. Hinter ihm öfnet sich die Mauer; die Freyheit, Klärchen ähnlich, erscheint auf einer Wolke, neigt sich gegen den Helden, zeigt ihm das Bündel Pfeile und den Stab mit dem Hute, deutet ihm an, daß sein Tod den Provinzen die Freyheit verschaffen werde und reicht ihm als Sieger einen Lorbeerkranz. Egmont erwacht, und diese Erscheinung wafnet ihn gegen alle Furcht des Todes, weil er nun überzeugt ist, daß er für die Freyheit sterbe. Ein sehr feiner Kunstgriff, die allzutraurige Empfindungen über den Tod des unglücklichen Helden zu mildern, der besonders auf dem Theater große Wirkung tun muß.«

(Braun, S. 44 ff.)

Rezension von »Goethe's Schriften« in der »Neuen Bibliothek der schönen Wissenschaften und der freyen Künste«, Leipzig 1789, Bd. 38, 1. Stück, S. 110–63, und Bd. 39, 1. Stück, S. 81–134:

»Mit einem Wort: Der Dichter, welcher sich vornähme den Charakter *Egmonts* zu schildern, so wie er sich in mannichfaltigen Situationen entwickelt, dürfte leicht des einzigen Zwecks, den er haben könnte, des Zwecks für seinen Helden zu interessiren, verfehlen. Nicht so, wenn er in diesen Charakter die Ursache einer wichtigen Begebenheit legt; wenn gerade jene Eigenschaften, jene oft unzeitige Fröhlichkeit, Unbesonnenheit und Unbefangenheit seinen Tod bereitet. Und aus diesem Gesichtspunkte betrachtet, schließen sich alle Theile dieses Stücks zu einem vollkommenen Ganzen zusammen. Da ist nichts müßiges, nichts zweckloses. Alles hängt auf das schönste zusammen; und die Scenen selbst, welche blos dazu erfunden scheinen, den Charakter *Egmonts* zu entwickeln, zeigen uns auch zu gleicher Zeit die Quellen künftiger Begebenheiten, den Keim wichtiger Eräugnisse.
Das Interessante dieser Tragödie, oder das Tragische derselben liegt nunmehr darinne, daß der Graf voll Zuversicht auf seine Redlichkeit, fern von allem Mißtrauen oder Furcht sich das Verderben selbst zubereitet, das ihn trift; daß der Zuschauer dieses sieht, er selbst aber es nicht ahndet; daß endlich das Verfahren gegen ihn einen Schein des Rechts, wenigstens in den Augen seiner Feinde hat, während er sich durch nichts als das Zeugniß seines Gewissens vollständig rechtfertigen kann. [...]
Da in diesem Charakter und diesen politischen Umständen der Saame so reichlich ausgestreut war, aus welchem das Verderben des Grafen erwachsen mußte, so hielt es der Dichter nicht nur für erlaubt, sondern selbst für nothwendig, manches zu übergehn, was die Geschichte ihm darbot, auch wohl manchen Umstand zu verändern, um die schöne Einheit in dem Gange der Begebenheiten nicht zu stören. Auch hier zeigt sich der weise Dichter, welcher die Grenze seiner Kunst und der Geschichte kennt; die Grenze, welche *Aristoteles* auf die Weise bestimmt, daß der Geschichtschreiber die Begebenheiten darstelle, wie sie wären, der Dichter so wie sie seyn sollten. Allerdings finden wir in der Ge-

schichte des Grafen noch manchen *zufälligen* Umstand, welcher sein Verderben beschleunigte, manchen, der an sich betrachtet einer poetischen Behandlung fähig gewesen wäre, und den eben darum der Dichter von niedrigerm Rang mit Begierde ergriffen haben würde, sollte er auch gleich nicht zu den übrigen Theilen seines Gemäldes gepaßt haben. Aber jeder *zufällige* Umstand trennt die Fugen eines wahren poetischen Ganzen, in welchem dem menschlichen Verstande alles eben so genau und nothwendig zusammenhängend erscheinen muß, als das Ganze der Weltbegebenheit dem göttlichen Auge erscheint.«

(Braun, S. 61 u. 63 f.)

In einer Anzeige der Goetheschen Schriften in der »Jenaischen Allgemeinen Literatur-Zeitung« vom 9. November 1792 nimmt der Rezensent, F. L. Huber, gegen Schillers dort vier Jahre früher erschienene Rezension Stellung (vgl. S. 75 ff.):

»Die A. L. Z. enthält bereits eine sehr geistreiche Recension von *Egmont.* Der Recensent scheint mit der Kunst so vertraut, und hat die Eigenheit des Hauptcharakters in diesem Schauspiel so gut gefaßt, daß es nicht ganz zu begreifen ist, welcher mit dem wahren Gesetz der Kunst verwechselten Convenienz[8] zu liebe er statt des leichtherzigen Helden, welchen Göthe schilderte, den historischen Egmont, einen mit Vater- und Haussorgen bey seinem Unglück beladenen Mann, vorgezogen haben würde. Göthe's Egmont ist ein Gewinnst für die dramatische Kunst, ein Wagstück, das nur dem Geist, der es beschloß, gelingen konnte, und an welchem die Kritik sich nur belehren soll, weil es die Gränzen ihrer Erfahrungen erweitert. Zu bemerken ist indessen an diesem Schauspiel der Abstich zwischen den ersten und den letzten Acten, der plötzliche und fühlbare Übergang von einer populairen, der Natur unmittelbarer abgeborgten, zu einer lyrischen, schwerern Manier. Auch wird, bey aller Gefangennehmung der Vernunft unter den Glauben an eine so mächtige Phantasie, die Erscheinung der mit der Geliebten des Helden identificirten Freyheit, immer ein *salto mortale*

8. lat., frz., Schicklichkeit, (gesellschaftliches) Herkommen, Zuträglichkeit.

bleiben, eine Kühnheit, über welche wir von dem Dichter selbst Rechenschaft zu haben wünschten, weil weder die Einbildungskraft, noch der Verstand, noch die Illusion des Lesers oder des Zuschauers, ohne eine unmögliche Verwirrung der Gefühle und Begriffe, hinreichen, sie zu erklären oder zu gestatten.«

(Braun, S. 125)

Rezension einer Aufführung des »Egmont« im Weimarer Hoftheater:

Leipzig, 19. Juni 1806

Sonnabend, den 31sten May, zum ersten Mal *Egmont* von Göthe. Ein sehr lebhaftes theatralisches Interesse bei der Aufführung, kann dieses Stück, da es mehr in Unterhandlungen, als in Handlung seinen Fortgang hat, kaum zulassen. Selbst mit allen vorgenommenen und sehr nöthigen Verkürzungen – so z. B. sind außer vielen Volksszenen auch die politischen Unterhandlungen zwischen Machiavell und Margarethe von Parma zum Theil gekürzt, zum Theil ganz, nebst den Personen, hinweggeblieben – drückt dennoch das romantisch-epische Ausspinnen der Handlung das Stück über Gebühr, und das ist denn auch wohl der Hauptgrund, warum es, trotz seiner übrigen großen Schönheiten, auf unsern Theatern nur selten gegeben wird. Die Aufführung im Ganzen ging vortreflich. –

– Alle, die bei den Proben gewesen, versichern, daß *Göthe* selbst die Volksszenen unvergleichlich und über allen Ausdruck schön deklamiren und nüanciren soll. –

(Zeitung für die elegante Welt. Leipzig)

Adam Heinrich Müller (1779–1829) in seinen »Vorlesungen über die deutsche Wissenschaft und Literatur. Gehalten zu Dresden im Winter 1806«:

»Ganz anders leitet *Egmont,* der neben *Tasso* betrachtet werden muß, zu derselben Höhe: der Ernst des Lebens, die bürgerliche Gesellschaft zeigt sich hier erschüttert und in Gärung: als Mittler zwischen Volk und Fürst drängt sich Egmont durch das Gewühl streitender Stände und Charaktere hindurch; er, den die Anbetung des Volks, die Liebe der Regentin, die Gunst des Königs zum versöhnenden, vermittelnden Herrscher zu bestimmen schien, wird ein Opfer seines liebreichen Willens. Das poetische Gemüt, das im *Tasso* die Ruhe der Welt zu *stören* schien, verzehrt sich hier in seinen heilenden Kräften und Absichten. In jugendliche Unbesonnenheit, in einen reizenden Rausch der Freiheit und der Liebe, in die unbefangene Zuversicht des Glücks, in die mutige Verschwendung überfließender Kraft kleidet sich in diesem Drama das Schicksal: in diesen unvermeidlichen Dissonanzen, denen alle irdische Schönheit unterworfen ist, geht Egmont unter: in diesem Feuer reinigt er sich zum Genius der Freiheit für sein geliebtes Vaterland.«

(Adam Müller: Kritische/ästhetische und philosophische Schriften. Bd. I. Hrsg. von Walter Schroeder u. Werner Siebert. Neuwied u. Berlin: Luchterhand 1967. S. 122)

2. Stimmen des 19. und 20. Jahrhunderts

Aus einer Rezension Theodor Fontanes (1819–98) in der »Vossischen Zeitung« über eine Berliner Aufführung vom 14. September 1870:

»Am Mittwoch ›Egmont‹ vor einem vollbesetzten Hause. Die Aufführung gab uns wieder Veranlassung zu Parallelen mit früherer Zeit, auch zu der Wahrnehmung, mit wie verschiedenen Augen die verschiedenen Lebensabschnitte die Dinge ansehen. Diese Egmont-Gestalt, das Entzücken unserer Jugend, ist uns heute einfach ein Greuel, eine historische Sünde. Wer fünfzig Jahre alt ist, Geschichte gelesen und in sich aufgenommen hat, kann dem ›Heros deutscher Nation‹ dieses Attentat gegen eins der schönsten Kapitel der Geschichte der Menschheit nicht verzeihen. Man muß ein alter Geheimrat oder Gymnasialprofessor aus den Studienjahren zwanzig bis dreißig sein, um dies in Abrede zu stellen. Pietätvoll darüber hingehen, mag Pflicht sein; den Verstoß aber feiern, in ihm ein Recht des Genius sehn zu wollen, heißt ohne Recht und ohne Genius an dem Verstoße teilnehmen. Die Zahl derer, die den Mut dazu haben, wird auch glücklicherweise immer kleiner. Die wachsende historische Kenntnis und mit ihr der wachsende historische Sinn müssen notwendig intervenieren; die großen erschütternden Bilder der belgischen Malerschule: die ›enthaupteten Grafen‹, über deren Leiber sich das schwarze Sammettuch mit dem Kruzifixe breitet, die ›Gräfin Egmont‹, die verweinten Auges am Altare kniet – sie werden den *historischen* ›Sieger von Gravelingen‹ mehr und mehr wieder herstellen, und der etwas paradox klingende Satz mag gestattet sein: *in der Egmont-Frage wird Gallait*[9] *stärker sein als Goethe.* – Der Goethesche Egmont, als Einzelfigur, ist nur hinzunehmen, wenn er meisterhaft gespielt wird; aber nichts ist seltener auf der Bühne als *diese* Gestalt in künstlerischer Vollendung. Liebhaber, Fürst, Held. Wer hat das alles?! Er muß sogar einen langen Hals haben.«

(Fontane: Sämtliche Werke. Bd. XXII, 1 = Causerien über Theater. Erster Teil. Hrsg. von Edgar Groß und Rainer Bachmann. München: Nymphenburger Verlagshandlung GmbH. 1964. S. 18 f.)

Heinrich Laube (1806–84) in »Das norddeutsche Theater« (1872):

»An den ›Egmont‹ gehe ich immer mit schwerem Herzen. Man liest ihn mit Entzücken, und wenn er auf der Szene erscheint, fehlt jenes dramatische Etwas, welches Leben und Kraft ausatmet und den Zuschauer gleichsam festigt in seiner Teilnahme. Die dramatische Form erweist sich von der Szene herab als nicht ganz erfüllt, und eine gewisse Schlaffheit des Eindruckes quält uns, weil wir doch das Stück innerlich und herzlich lieb haben.

Das wird dann in gutem Glauben auf die Darstellung geschoben; aber selbst die gute Darstellung kann es nicht vermeiden.

Das ist immer so gewesen, und ist durch die an sich sehr schöne Beethovensche Musik nicht besser geworden, wohl aber schlimmer. [...] Der vierte Aktschluß allein, die einzige wirklich dramatische Szene, die zwischen Alba und Egmont, das einzige Aufeinanderprallen der Gegensätze, belebt uns endlich, und wir sind da auch für die einfallende

9. Louis Gallait (1810–87); belg. Maler; Begründer großformatiger, theatralischer Geschichtsmalerei (Abdankung Karls V., Egmont vor seiner Hinrichtung).

Musik dankbar. Aber die Musik hört [...] nicht auf und verschwemmt uns die Wirkung, welche wir so nötig brauchten.«

(Laube: Gesammelte Werke. Bd. 31. Leipzig 1909. S. 188 f.)

Paul Heyse (1830–1914) kritisiert in seinem Aufsatz »Goethe's Dramen in ihrem Verhältniß zur heutigen Bühne«, ursprünglich einer »Rede, gehalten in der Generalversammlung der Goethe-Gesellschaft zu Weimar den 17. Mai 1894«, daß es bis zum vierten Akt nirgend »ein Aufeinanderplatzen der feindlichen Parteien« gäbe. »[...] die an sich so reizvollen Details wirken nur wie erfreuliche Episoden in einem historischen Roman«, so daß z. B. die Regentinszenen ohne weiteres weggelassen werden könnten, und er fährt fort:

»Nun aber der vierte Akt.
Zum ersten Mal treten hier die kämpfenden Mächte Aug' in Auge sich gegenüber, Egmont und Alba. Doch nur ein Scheingefecht wird ausgefochten, dessen Ergebniß von vornherein feststeht. Mit wie athemloser Spannung würden wir der großen Unterredung folgen, wenn es noch von Egmont's Haltung abhinge, sein und seines Volkes Schicksal zu wenden, wenn der spanische Gewaltherr ihn als Angeklagten verhörte, dessen Vertheidigung vielleicht noch zu seinen Gunsten wirken, das über seinem Haupt drohende Schwert ablenken könnte. Nichts davon. Das Urtheil ist unwiderruflich gefällt, noch ehe der Proceß begonnen hat, gewiß dem historischen Charakter Alba's angemessen, dessen Staatsraison durch kein menschliches Rühren beeinflußt werden konnte. Ein historischer Fehler aber wäre hier zu einer dramatischen Tugend geworden.
Der gleiche Mangel an innerer Spannung im letzten Akt. Egmont's Monolog, Clärchen's Ausgang, das Finale im Kerker – Scenen der tiefsten Seelenbewegung, doch ohne jedes Hinübergreifen der einen in die andere. Und wer erwartete nicht von Alba's Sohn, als er zu dem Verurtheilten in den Kerker tritt, den Anlauf zu irgend einer That, einen jugendlich unbesonnenen Versuch zur Rettung des verehrten Mannes, einen Conflict in Egmont's Seele, ob er den Freundesdienst annehmen, oder das Opfer seines Lebens sich vollziehen lassen solle. Ferdinand aber kommt nur, um Eg-

mont's Schicksal zu beklagen und – freilich wiederum im Sinne der Geschichte – seine eigene Unfähigkeit zu einer rettenden Action zu bedauern.
Es ist oft genug ausgesprochen worden, daß die thatlose Schwäche fast aller Goethe'schen Helden – der Weislingen, Clavigo, Fernando, Egmont, denen aus den Romanen noch so viel verwandte Charaktere anzureihen sind – aus dem eigenen Naturell des Dichters zu erklären sei.«

(Deutsche Rundschau LXXX [1894] S. 21 f.)

Richard M. Meyer (1860–1914) in seiner Goethe-Biographie:

»Was geschieht denn im ›Egmont‹? Weniger noch als in der ›Iphigenie‹, fast so wenig wie im ›Tasso‹. Und doch geschieht ein Großes: ein echter und ganzer Mensch überwindet sich selbst. Jene Freude am Leben, die Egmonts innerstes Wesen ist, die auch das eigentlich Bezaubernde und Unwiderstehliche seiner Persönlichkeit ausmacht, sie widersteht zuerst dem Gedanken an den nahen Tod. Schon das Gefängnis ist ihm schrecklich, aber an den Tod wagt er kaum zu denken. Er klammert sich an die Hoffnung der Befreiung; noch da er das Todesurteil schon in Händen hält, meint er, das Urteil könne bloß ein leeres Schreckbild sein, ihn zu ängstigen. Aber was sich in Kleists Drama [Prinz Friedrich von Homburg] erfüllt, ist hier nur leere Hoffnung. Da übermannt es ihn zuerst, unmännliche Weichheit tritt den Helden an; er ist in Gefahr, seinem Temperament nachzugeben und im Übermaß der Liebe zum Leben ruhmlos zu sterben. Aber er rafft sich auf. Nicht gebrochen ist in ihm die Lebenskraft wie in Tasso; er streift sie ab, er ergibt sich groß in sein Schicksal, und wie ein Held stirbt er, freudig und gerüstet, wie er gelebt hat.«

(Meyer: Goethe. Bd. I. Berlin ³1905. S. 269 f.)

Friedrich Gundolf (1880–1921) sieht in seiner Goethe-Biographie (1917) den »Egmont« als Symbol für Goethes »Fatalismus«, der den vorwertherschen »Titanismus«[10] abgelöst habe:

10. griech., Aufbegehren gegen das Schicksal, Nicht-Akzeptieren des Schicksals.

»Egmont, der sieghafte, fröhliche, leidenschaftliche, buhlende und lachende Götterliebling, fatalistisch und dämonisch, unfähig an seinen Untergang zu glauben, und als der Tod ihm dann doch gewiß ist, ihn dankbar hinnehmend wie seine heiteren ›Verhäng‹nisse, wie die Liebe und den Ruhm: Egmont ist das wichtigste Sinnbild des Goethischen Lebenszustandes, und zumal seines neuen Verhältnisses zum Schicksal aus der Zeit nach der Wertherkrise, da er zwischen glücklich unglücklicher Liebe und der Entscheidung über seine äußern Verhältnisse gespannt und zerrissen war und dabei doch seine Kraft, seine Bestimmung und sein Glück durch alle Wirbel und Peinen hindurch fühlte.
Der Egmont ist das Symbol des Fatalismus, welcher sich nach dem Werther in Goethe herausbildete, in ähnlicher Weise wie der Götz ein Symbol des Titanismus vor dem Werther ist. Egmont offenbart Goethes Schicksalsgefühl, wie Götz sein Kraftgefühl .. und auf dieser andren Ebene hat der Egmont als dichterische Konzeption auch ein ähnliches Schicksal gehabt wie der Götz. Auch im Egmont ist das Urerlebnis woraus der Gedanke des Dramas empfangen wurde, eben das sieghaft fatalistische Glücksgefühl der nachwertherischen Zeit, gekreuzt durch den geschichtlichen Stoff, in dem das Erlebnis symbolisiert werden sollte, einen von dem Götzischen nicht allzuweit abliegenden Stoff. Auch hier hat Goethes Leidenschaft eine ihr nicht von vornherein angemessne Masse zu durchdringen gehabt. Andererseits war bei dem Egmont das Verhältnis zwischen Urerlebnis und Bildungserlebnis doch nicht so, daß das Bildungserlebnis das Übergewicht hätte gewinnen und wie beim Götz aus einem Drama des heldenmäßigen Handelns oder Leidens ein Milieustück hätte machen können. Der Bildungsstoff in den Goethe sein Egmont-erlebnis prägte lag ihm lange nicht so am Herzen wie der Bildungsstoff des Götz. Deutsche Vorzeit, Lutherzeit war ihm damals unter Herders Einfluß eine eigenlebendige Welt, nicht bloße Historie wie die Geschichte des Abfalls der Niederlande. Darum ist der Egmont, verglichen mit dem Götz, bei weitem mehr Tragödie eines Einzelschicksals als historische oder Milieu-tragödie, als episch-dramatisches Zeitbild .. darum ist aber auch das Historische noch weit zufälliger und beiläufiger behandelt als im Götz. Im Götz lebt das Geschichtliche (eben weil

als solches, als Milieu seelisch ganz durchdrungen) sein selbständiges Leben und nimmt als solches, als belebte Atmosphäre, dem Helden gegenüber einen breiten Raum ein – im Egmont füllen die paar Bürgerszenen, typisierende Abkürzungen, nur soviel Raum als nötig ist um überhaupt einen Begriff vom historischen Hintergrund zu geben. Die einzelnen führenden Gestalten jedoch, Egmont, Oranien, Alba, Klärchen sind viel mehr private Personen mit politischen Gedanken oder unpolitischen Leidenschaften als Träger geschichtlicher überprivater Krisen oder leidenschaftliche Verkörperungen der geschichtlichen Kräfte wie es selbst noch Götz, wie es namentlich Shakespeares historische Helden sind. Das kam daher daß Goethe vom Geschichtlichen als solchem nicht bewegt wurde. Für Goethe gilt bereits ein gesondertes Privatleben .. der Mensch ist ihm naturhaftes Einzelwesen, nicht ζωον πολιτικον[11]. Bei Goethe ist es wirklich nur um der größeren Sinnfälligkeit der Schicksale willen, um ›der Fallhöhe‹ willen, wenn er seine Konflikte an geschichtlichen Größen verdeutlicht. Um seine kosmischen Kräfte, seinen Titanismus zu verkörpern brauchte er mythische Maße – und nur um der Dimension willen, nicht weil er politisch wie Shakespeare schon als ζωον πολιτικον erlebt hätte, bediente er sich geschichtlicher Symbole.«

(Gundolf: Goethe. Darmstadt 1963. S. 186 bis 188. © Verlag Helmut Küpper vormals Georg Bondi)

Für Fritz Brüggemann (geb. 1876) ist der »Egmont« in erster Linie ein politisches Drama, die »Tragödie des versagenden Bürgertums«:

»›Egmont‹ ist die Tragödie des versagenden Bürgertums. Furchtbar und niederschmetternd ist die Kritik, die Goethe in dieser Dichtung am Bürgertum übt, furchtbarer als an Alba und dem ganzen absolutistischen Regime. Und das war durchaus Goethes eigenes Werk. Nichts hatte er von einem Versagen des niederländischen Volkes gefunden bei Strada, dessen Darstellung der historischen Ereignisse ihm als Quelle gedient hatte. Egmont wäre vielleicht nicht zu retten gewesen. Er fällt der Gewalt und Treulosigkeit zum

11. griech., der Mensch als politisches Wesen, mit politischer Verantwortlichkeit gegenüber der Gemeinschaft.

Opfer. Klärchen ihrerseits aber wird das Opfer der seelischen Spannung zwischen dem Subjektivismus[12], der sie selbst beherrscht, und der seelischen Haltung des Bürgertums, das sich zum Subjektivismus nicht zu erheben vermag. Der Dichter hätte ihr einen anderen Untergang bereiten können. Er hätte sie an der Spitze der sich vergeblich gegen die Tyrannei erhebenden Niederländer den Tod finden lassen können. Es wäre selbst im tragischen Ausgang ein erhebender Eindruck gewesen. Aber daß Goethe dies nicht tut, ist gerade das Charakteristische. Nicht Alba, nicht dem politischen Menschen der vorbürgerlichen Zeit wälzt er die Schuld an ihrem Untergang zu, sondern dem Bürgertum, dem vorsubjektivistischen Bürgertum. Das gibt der ganzen Dichtung einen durchaus antibürgerlichen Zug, und statt des erhebenden Eindrucks lastet auf uns ein Gefühl des beängstigenden Druckes, der Hoffnungslosigkeit, des tiefsten Pessimismus. Klärchen gibt ihm Ausdruck mit den Worten: ›Ist dies die Welt, von deren Wankelmut, Unzuverlässigkeit ich viel gehört und nichts empfunden habe? Ist dies die Welt?‹ Und bezeichnend genug wirft sie die Frage auf: ›Wäre Bosheit mächtig genug, den allgemein Erkannten schnell zu stürzen?‹ Und so ungewiß die Bejahung dieser Frage ist, so gewiß ist es, daß Egmonts Untergang unmittelbar nicht den Boshaften, sondern den Redlichen, den allzu Redlichen zur Schuld fällt, denen, die vor lauter Redlichkeit die Kraft zu jeder entschiedenen Tat eingebüßt haben.«

(Brüggemann: Goethes »Egmont« – die Tragödie des versagenden Bürgertums. In: Jahrbuch der Goethe-Gesellschaft XI [1925] S. 165 f.)

Thomas Mann in seiner »Phantasie über Goethe. Als Einleitung zu einer amerikanischen Auswahl aus seinen Werken«:

»Aber ist dies vielfältige Dichtwerk [Goethes] nicht überaus männlich (dasjenige Schillers ist viel männlicher), so ist es dafür *menschlich* aufs ehrlichste, offenste, äußerste und trägt zudem oder eben dadurch an jedem Punkt und in jeder Wendung den persönlichen Stempel einer Liebenswürdigkeit, wie man sie in allen Weiten und Breiten geistiger

12. erkenntnistheoretische Lehre, nach der das Individuum (Subjekt) das Erkennen maßgeblich mitbestimmt. Hier: unabhängige, subjektive Willensbildung.

Schöpfung nicht leicht ein zweites Mal findet. Ich beziehe mich dabei am liebsten auf seinen ›Egmont‹, ein Stück, gegen das dramaturgisch und selbst allgemein künstlerisch so manches einzuwenden ist, dessen Lässigkeit gegen alles Theatergerechte aber so gut mit dem Charakter seines Helden harmonisiert, – diesem nobel-populären und sträflich sorglosen Grandseigneur, einem dämonisch leichtsinnigen Liebling der Götter und Menschen, auf dessen Gestalt der Dichter alles Interesse versammelt und in welchem für mich die spezifisch goethesche Liebenswürdigkeit kulminiert: nicht zuletzt in seinem von Leidenschaft recht fernen, zärtlich geneigten und etwas selbstbespiegelnden Umgang mit Klärchen, dem kleinen Mädchen aus dem Volk, einem echten Geschwister Grethchens, dem er sich eines Tages, um ihr kindlich Ah! und Oh! zu genießen, im spanischen Hofkleid mit dem Goldnen Vliese zeigt. Da haben wir wieder das Narzißhafte[13], eine Erotik, die als tiefsten Reiz die Heimsuchung holder Schlichtheit durch einen Kömmling aus glänzend-fremder Geistes- und Liebeswelt empfindet, welcher nur zu leicht den redlich bürgerlichen Liebhaber und Freier bei ihr aussticht. Das büßende Schuldgefühl des Verführers, der nicht zu heiraten gedenkt, der immer liebt und nie sich binden mag, gehört mit hinein . . .«

(Thomas Mann: Neue Studien. Stockholm: Bermann-Fischer 1948. S. 57 f.)

Horst Hartmann betont in seiner von marxistischen Geschichtstheorien inspirierten Interpretation »Egmont. Geschichte und Dichtung« den politisch-aktuellen Erkenntniswert des Dramas für Goethes zeitgenössisches Publikum:

»Darum aber wählt er [Goethe] sich auch aus der Stoffülle, die ihm dieses welthistorische Ereignis bietet, ein ganz bestimmtes Sujet aus, und zwar das der Frühphase vom Herbst 1566 bis zum Juni 1568. Er kann so den Prozeß des Anwachsens der revolutionären Bewegung im Bürgertum zum Gegenstand seines Dramas machen und damit seinem deutschen Publikum die Möglichkeit eröffnen, Analogien zur deutschen Situation um 1775 aufzuspüren und damit zu gesellschaftlichen Einsichten zu gelangen.«

13. griech., das Selbstbezogene, Selbstverliebte.

Im Mittelpunkt des Dramas steht für Hartmann die innere Wandlung Egmonts zum politischen Bewußtsein, seine Entwicklung zum Volkstribun, der gegenüber das Volk zunächst noch politisch rückständig ist:

»Mit diesem Sieg des Helden über die ›Sorge‹ wird auch der besondere Charakter seiner Tragik offenbar. Egmont überwindet am Ende seines Lebens die Spontaneität, die sein Geschichtsbewußtsein bisher gekennzeichnet hat, und gelangt zu einer klareren Erkenntnis seiner historischen Funktion und seiner politischen Mission. Hat er zunächst nur Positionen vertreten, die ihre Basis in einer relativ stabilen patriarchalisch strukturierten feudalen Vergangenheit besessen haben, so sind ihm aus dem Streitgespräch mit Alba, der Lebensbedrohung im Gefängnis und aus der Begegnung mit Ferdinand Einsichten zugewachsen, die ihn auf die Stufe der Bewußtheit Oraniens einerseits und Vansens andererseits heben und ihn zum Tribun des niederländischen Volkes werden lassen. Die sich im Zuge der Desillusionierung und des Verlustes der feudalen Klassenbindung vollziehende Katharsis Egmonts besteht in der Erkenntnis von der Notwendigkeit der revolutionären Erhebung und Gewaltanwendung zur Gewährleistung der Freiheit und des Friedens seiner Nation. Damit steigert sich der Held zu Einsichten, die in der deutschen Dichtung vor der Französischen Revolution als Höhepunkt politischer Erkenntnisse anzusehen sind und die für die Rezipierbarkeit des Werkes durch uns einen bedeutenden Ansatzpunkt darstellen. So vollzieht Goethe mit dem ›Egmont‹ einen entscheidenden Schritt zur Ausbildung des politischen Dramas in Deutschland, wie ihm zugleich durch die Erfassung des dialektischen Zusammenhangs zwischen der Entwicklung des Individuums und dem Geschichtsprozeß ein bedeutender Vorstoß zum klassischen Geschichtsbewußtsein gelingt.

In der Tatsache, daß Egmont den Höhepunkt seiner Entwicklung erst sterbend erreicht, liegt seine Tragik begründet. Da der Zuschauer aber Egmonts Erkenntnisse und Schlußfolgerungen in der von Ferdinand verkörperten jungen Generation generell und im niederländischen Volk speziell aufgehoben weiß, wird das Drama zur ›optimistischen Tragödie‹. Die objektiven Wurzeln der Tragik des Dramas liegen in der politisch unausgereiften Haltung des niederländischen Bürgertums, das der wohl organisierten und mit den brutalsten Mitteln und Methoden arbeitenden spanischen Militärmaschinerie notwendigerweise zunächst noch unterlegen sein muß. Die Niederländer erreichen das bewußtseinsmäßige Niveau ihres Helden erst im Anblick seines Todes, weil sie erst jetzt die Unmittelbarkeit der Bedrohung ihrer wesenhaften Existenz desillusionierend erleben. Die subjektiven Ursachen der Tragik liegen in der zu späten Überwindung von Egmonts Illusionen, so daß es ihm unmöglich wird, seine politische Konzeption praktisch zu revidieren und das niederländische Volk auf die Höhe seiner schließlich gewonnenen Einsichten zu führen. So kann das Volk erst durch seinen Tod die Bewußtseinsimpulse erhalten, die er selbst nicht mehr direkt zu vermitteln vermag.«

(Hartmann: Egmont. Geschichte und Dichtung. Berlin: Volk und Wissen 1972. S. 23 f. u. 69 f.)

Über eine italienische Inszenierung des »Egmont« beim »Maggio Musicale« 1967 in Florenz schreibt Carola Eckart in der österreichischen Theaterzeitschrift »Die Bühne«:

»Keine Gassen und Plätze, kein Zimmer, kein Kerker, keine Möbel oder Sitzgelegenheiten außer den Stufen des mehrstöckigen, dynamisch gegliederten Holzgerüstes, welches das ›Egmont‹-Thema sichtbar in die Zeitlosigkeit transponiert. Auf diesem Gerüst, das in Ammanatis[14] schönem Innenhof des Florenzer Palazzo Pitti aufgebaut ist, wirken selbst die historischen Kostüme zeitlos, so stark wirkt das Wort, so stark präsent ist der Gedanke der Freiheit.
Diese Inszenierung des von Sandro De Deo bewundernswert ins Italienische übersetzten Goetheschen ›Egmont‹ ist nicht nur eine von Luchino *Viscontis* Meisterleistungen, sondern auch eine der besten dieses Stückes, die ich je sah. Das verzahnt sich zu einer vollkommen lebensnahen Demonstration der Verflechtung von Einzel- und Volksschicksal, von Idee und Ideologie, von menschlicher und mechanisierter Politik. [...] Einen der Höhepunkte erzielt Visconti durch soge-

14. Bartolommeo Ammanati (1511–92); ital. Baumeister und Bildhauer, der bes. in Florenz tätig war (Gartenfront des Palazzo Pitti, große Brunnen).

nannte Willkür: Er setzt den ersten Teil der Volksszene des 4. Akts vor die erste des 3. Akts, vor die Szene Egmont – Klärchen, wodurch die Liebesszene gleichsam eingebettet wird in Hoffnungen und Ängste des Volkes, das sie beide lieben; und während Vansen dann im zweiten Teil der Volksszene den Glauben an die Unzerstörbarkeit des Rechtschaffenen mit seinen grausam wahren Binsenwahrheiten unterminiert, stehen die Liebenden ineinander und in ihre Gedanken versunken mit dem Lächeln derer, die für ihr Ideal auch den Tod nicht fürchten, im Strahl eines Scheinwerfers eingeschlossen.

Giorgio De *Lullo,* dessen männliche Attraktivität durch vibrierende Menschlichkeit geadelt wird, ist ein Egmont von heiterer Eleganz, im Aufbegehren, in der verzweifelten Liebessehnsucht, in den poetischen Visionen wie beim Gang in den Tod von gleicher Intensität. Neben ihm steht mit der leidenschaftlichen Nüchternheit eines Kibbuzmädchens Ottavia *Piccolos* Klärchen. Egmont gegenüber stehen Renzo *Palmeras* vital-kluger Oranien, Elsa *Albanis* Regentin, die mit bitterer, verbissener Würde der Staatsmaschine weicht, Romolo *Vallis* vom Dämon der Staatsräson und des Hasses besessener Alba und, in prägnanter Konturierung, jeder einzelne dieses Spiels um Freiheit und Gerechtigkeit, das in Beethovens Bühnenmusik seine emotionellen und vergeistigenden Untermalungen findet. [...]

Die Italiener, die das Stück zum erstenmal auf der Bühne sahen, dankten durch intensives Mitgehen und starken Applaus. Sie waren vielleicht besonders empfänglich, weil die Premiere am zweiten Tag des Kampfes im Mittleren Osten stattfand.«

(Die Bühne, Juli 1967, S. 21)

Klaus Wagner schreibt in der »Frankfurter Allgemeinen Zeitung« vom 18. März 1967 über die Inszenierung Oskar Fritz Schuhs im Hamburger »Deutschen Schauspielhaus«:

»Oscar Fritz Schuh versteht Goethes Trauerspiel um ›Egmont‹ als ein Stück der politischen Diskussion um einen durchaus ambivalenten[15] Freiheitsbegriff. Und er sieht Egmont als einen Liberalen in Anführungszeichen, am Ende

15. lat., doppelwertig, -deutig.

als Träumer, für den in dieser Welt kein Platz ist. Ein Kleistischer Untergang, verklärt durch die Unbedingtheit des wie immer auch irrigen Gefühls. Eben diese Aura fehlt Walther Reyer, den sich der Regisseur für die Titelrolle aus Wien geholt hat. Es ist möglicherweise ein geplantes Zuwenig. Der Gast spielt gleichsam die Anführungszeichen des Liberalen aus, die Konturenschwäche dieses Charakters, den schon Goethe als politischen Dilettanten sah. Zu buchen bleibt die selbstlose Leistung eines Schauspielers, der sich, in aufopferndem Gehorsam gegenüber der Inszenierungsidee, bis auf die entscheidende Szene mit Oranien (Hans Häckermann) die gewohnten großen Egmont-Wirkungen versagt. [...]

Schuhs ›Egmont‹ ist [...] fast andauernd wie auf der Flucht vor Klassikerpathos und zu großer Gebärde; so wirkt noch Unschärfe überwiegend veranstaltet. Wie schon in seinem ›Sommernachtstraum‹ gegenüber Mendelssohn[16], so formuliert der Regisseur diesmal eine nahezu totale Absage an Beethovens Bühnenmusik. Von dieser Allergie (und der Besetzung der weiblichen Hauptrolle mit Ruth Niehaus) wird auch die Klärchen-Romanze mitbetroffen. Ein trocken didaktischer Zug schleicht sich ein, was sich mit der lehrhaften These vom politischen Diskussionsdrama leichter vereinbaren läßt als mit der idealistisch überglänzten Dichtung, die ›Egmont‹ heißt.

So wenig der Regisseur die Hauptspieler zu Erfüllungsgehilfen an seiner Konzeption herunterstuft und so konsequent er die Gefahr des wohlarrangierten Flachreliefs in seine Arbeit hineinnimmt: Es zeigt sich, daß die beredte Vorweginszenierung im Kommentar einleuchtender wirkt als die Umsetzung auf die Bühne. Stärkste Persönlichkeit in dieser Aufführung: Bernhard Minetti als Alba in seiner großen Szene mit Egmont, in diesem Zusammenprall von Gutgläubigkeit und Ideologie. Daneben Alice Treff als Margarete von Parma: adrette Erscheinung, nicht mehr. Uwe Friedrichsen gibt den Aufwiegler Vansen unkontrolliert überhitzt. Der Ferdinand, fatal unterbesetzt, wird zum

16. Felix Mendelssohn-Bartholdy (1809–47); Komponist (u. a. Konzertouvertüre »Sommernachtstraum«), Begründer des klassizistischen Zuges in der Musik.

Walther Reyer als Egmont (mit seinem Geheimschreiber Richard) in der Inszenierung des Deutschen Schauspielhauses, Hamburg, 1967 (Foto: Rosemarie Clausen)

Ausfall. Die so bewußt kontrastarme Arbeit leidet auch an dem für rasche Bildwechsel geeigneten, aber recht eintönigen Bühnenbild von Ursula Schuh. Der Nutzeffekt des fix Verwandelbaren wird seltsamerweise fast aufgehoben durch die mehrstrophig ausgedehnten Überbrückungsmusiken zum Zwischenvorhang: Geusenlieder, Trutzchoräle, Gregorianik.[17] Durch solche Inkonsequenz verrät noch die Umbaupause, daß diese Stunde für ›Egmont‹ nicht günstig ist.«

17. (nach Papst Gregor I.) einstimmiger, unbegleiteter Gesang der katholischen Kirche.

Bernhard Minetti als Herzog von Alba in der »Egmont«-Inszenierung des Deutschen Schauspielhauses, Hamburg, 1967 (Foto: Rosemarie Clausen)

VI. Zur Bühnengeschichte des »Egmont«

1. Die Originalfassung Goethes und Schillers Bearbeitung

Als Goethe seinen »Egmont« beendete, war er überzeugt, daß das Drama bald auf den Bühnen Erfolg haben würde (vgl. seinen Brief an den Komponisten Kayser vom 14. August 1787). Die Hoffnung erwies sich jedoch als falsch, obwohl das Stück schon verhältnismäßig früh aufgeführt wurde: Am 9. Januar 1789 wurde es von der Kochschen Truppe in Mainz gespielt und am 15. Mai 1789 in Frankfurt am Main – beide Male ohne den erhofften Beifall. Die Weimarer Erstaufführung fand am 31. März 1791 durch Bellomos Truppe statt, kurz bevor Goethe die Leitung des Theaters übernahm. Der Erfolg scheint auch hier gering gewesen zu sein, denn es blieb bei dieser einen Aufführung. In den folgenden Jahren übernahm keine andere Bühne das Stück, zumal sich auch eine Aufführung in Wien (1791) als ein Mißerfolg erwiesen hatte.

Da Goethe selbst dem Drama keine bühnenmäßigere Fassung geben wollte, bat er im September seinen neugewonnenen Freund Schiller, es zu bearbeiten. Aber erst als im Frühjahr 1796 ein Gastspiel des berühmten Iffland in Weimar bevorstand, machte sich Schiller an die Arbeit und redigierte das Stück in der erstaunlich kurzen Zeit vom 26. März bis 7. April 1796. Die Hauptunterschiede dieser Bearbeitung zur Goetheschen Originalfassung sind folgende:

1. Durch Streichungen, Umgruppierungen und Zusammenziehungen von Szenen wurden aus den fünf Akten drei und aus den dreizehn Szenenbildern acht, was den technischen Möglichkeiten der damaligen Bühne entgegenkam.
2. Das Drama wurde gemäß der Schillerschen Interpretation als Charaktertragödie (vgl. seine Rezension, Kap. V) durch Streichungen dramatisch auf den Titelhelden hin konzentriert. Ausgelassen wurden u. a. die Regentinszenen, die Lieder Klärchens und die Traumerscheinung Klärchens in der letzten Szene.
3. Schiller fügte mehrere neue Szenen hinzu: Egmonts

Sekretär Richard unterbricht das Beisammensein seines Herrn mit Klärchen, um ihm die Vorladung Albas zu überbringen und ihn zum letztenmal zu warnen (Schiller, II, 10); oder: Alba ist als Vermummter bei der Verlesung des Urteils im Gefängnis zugegen, und Egmont reißt ihm die Maske ab (Schiller, III, 5 f.). Über Weiteres vgl. Kap. VI, 2.

Die Schillersche Bearbeitung war bewußt auf Theaterwirkung berechnet. Auch sprachlich änderte Schiller vieles, verwandelte Berichte in Handlung und ergänzte genaue Szenenanweisungen. Egmont erschien nun stärker als Freiheitskämpfer, und auch Klärchen war schärfer gezeichnet. Die episch-lyrischen Züge des Goetheschen Dramas waren damit der auf Effekte gerichteten Dramenkonzeption Schillers zum Opfer gefallen; es ist jedoch zweifellos Schillers Bearbeitung zu verdanken, daß der »Egmont« im 19. Jahrhundert verhältnismäßig oft gespielt wurde.

Am 25. April 1796 fand die historische Erstaufführung des Dramas in Schillers Bearbeitung statt, eine Aufführung, die – wahrscheinlich wegen Ifflands Abreise – nicht wiederholt wurde. Erst zehn Jahre später, nach Schillers Tode, wurde das Drama am 31. Mai 1806 in Weimar zuerst wieder aufgeführt und wurde unter Goethes Leitung bis zum Jahre 1816 im ganzen 21mal in Weimar, Erfurt, Rudolstadt und im damaligen Modebad Lauchstädt gespielt. Diese Goethesche Inszenierung von 1806 folgte in den Grundzügen wieder der Bearbeitung Schillers, aber der Dichter änderte doch einiges, was ihm an der Redaktion seines Freundes allzu »grausam« erschienen war: Er beseitigte die neueingefügte Szene, in der Richard das Liebesgespräch zwischen Egmont und Klärchen unterbricht, um seinen Herrn zum letztenmal zu warnen (Schiller, II, 10). Die Traumerscheinung Klärchens, die »nach dem Wunsche des Weimarer Publikums« nicht fehlen durfte (vgl. Kap. IV), wurde wiederhergestellt, so daß der junge Eichendorff, der in Lauchstädt eine Aufführung erlebte, in sein Tagebuch notieren konnte: »Das Trauerspiel wurde durchaus herrlich gegeben; Klärchens Erscheinung als Freiheit durch Rosenwolken und Regenbogen war wahrhaft himmlisch.« Gestrichen wurden einige auf grobe Effekte zielende Bühnenanweisungen, wie die Hinweise auf den vermummten Alba im Gefängnis (Schiller,

III, 5 f.). Die Regentinszenen wurden weiterhin ausgelassen (vgl. Goethes Aufsatz »Über das deutsche Theater« [1815], Kap. IV). Anstelle der drei Akte bei Schiller hatte das Drama nun wieder die ursprüngliche Einteilung in fünf. Auch als 1814 zum erstenmal die 1810 von Beethoven komponierte Musik hinzukam, wurde die Inszenierung von 1806 beibehalten. Die Regentinszenen wurden erst 1838 wieder eingelegt, und zwar am Schluß des ersten und des zweiten Aktes. Die Originalfassung des Stückes wurde wahrscheinlich erst wieder nach 1838 den Aufführungen in Weimar zugrunde gelegt.

Wie in Weimar spielten auch die anderen deutschen Bühnen das Drama zunächst in Schillers dreiaktiger Bearbeitung. In Berlin wurde es nach dem Weimarer Regiebuch (von 1796) 1801 und 1804 aufgeführt (vgl. Kap. IV Goethes Brief an die Schauspielerin Friederike Unzelmann in Berlin vom 16. Dezember 1800). Durch die politische Reaktion im Gefolge der antiliberalen Karlsbader Beschlüsse (1819) verfiel hier jedoch der »Egmont« der Ächtung, zusammen mit allen anderen Stücken, in denen das Wort »Freiheit« vorkam. Erst Friedrich Wilhelm IV. (1840–61) hob das Aufführungsverbot wieder auf, so daß es 1841 zu einer Neuinszenierung kam, wieder nach Schillers Bearbeitung. Erst seit 1866 wurde der »Egmont« im preußischen Königlichen Schauspielhaus in der Goetheschen Fassung aufgeführt. Unter den späteren Inszenierungen ist die durch Leopold Jessner (1878 bis 1945) vom Oktober 1928 bemerkenswert, der das Drama als »Tragödie der politisch Unmündigen« verstanden wissen wollte, eine dramaturgische Interpretation des Geistes der eigenen Zeit (vgl. Kap. V Fritz Brüggemanns Interpretation).

Auch die Mannheimer Aufführungen von 1806 bis 1824 folgten der Schillerschen Bearbeitung. Die Regentinszenen wurden hier erst 1864 eingelegt. – Im Münchener Hoftheater spielte man die Schillersche Fassung des »Egmont« von 1812 bis 1833. Anläßlich der ersten großen Ausstellung im Münchener Glaspalast wurden 1854 unter Franz von Dingelstedt (1814–81) deutsche Gastspielwochen mit zwölf der bekanntesten deutschen Schauspieler veranstaltet. Bei der »Egmont«-Aufführung am 21. Juli, in der der berühmte Schauspieler Theodor Döring (1803–78) den Vansen spielte, wurden die Regentinszenen eingelegt, doch kehrte man bereits Anfang 1857, nachdem Dingelstedt die Leitung des Theaters aufgegeben hatte, zur alten Fassung ohne die Regentinszenen zurück. Erst bei einer Neueinstudierung im April 1864 folgte man im ganzen der Goetheschen Originalfassung.

Ähnlich verlief die Entwicklung in Karlsruhe. Bei der Erstaufführung im Juli 1812 wurde Goethes für die Weimarer Inszenierung von 1806 hergestellte Bühnenfassung zugrunde gelegt, und erst 1864 wurde die Regentin eingeführt, und zwar indem ihre beiden Szenen zu einer verschmolzen waren. Die Originalfassung setzte sich erst 1891 durch. Daß man in Wien unter Heinrich Laube bei der Inszenierung von 1874 ebenfalls noch der Schillerschen Fassung folgte, erklärt sich aus Laubes Interpretation des Dramas, für den das »Aufeinanderprallen der Gegensätze«, der Dialog Alba – Egmont, der Höhepunkt war (vgl. Kap. V). Am Wiener Burgtheater sprach noch 1892 der Darsteller des Egmont den Gefängnismonolog (74,37–76,37) in der Fassung Schillers. Die Zähigkeit, mit der sich an vielen deutschen Bühnen bis zum Ende des 19. Jahrhunderts Schillers Bearbeitung bzw. Goethes Bühnenfassung von 1806 behauptete, ist wohl nur aus der größeren Bühnenwirksamkeit dieser Fassungen zu erklären. »Vom theatralen Standpunkt bietet sich nur ein Grund an, weshalb man um die Jahrhundertwende dazu überging, die Bühnenfassungen durch den Dramentext zu ersetzen: Respekt vor Goethes Dichtung.« (Siedhoff, S. 260.)

Nach Ausweis der Statistiken der letzten Jahre (vgl. »Die deutsche Bühne«. Monatsschrift des deutschen Bühnenvereins) gehört »Egmont« heute zu den am meisten aufgeführten Werken Goethes.

2. Auszüge aus Schillers Bühnenbearbeitung des »Egmont«

Der Dialog Egmont – Oranien (II, Egmonts Wohnung) – bei Schiller noch im ersten Aufzug – wird nach Oraniens Worten »Die Flamme wütete dann über unserm Grabe, und das Blut unsrer Feinde flösse zum leeren Sühnopfer.« (39,26) durch die folgende Szene unterbrochen. Die Zeilen von »Laß uns denken, Egmont.« (39,27) bis einschließlich »und ein Heer bringt er mit« (39,35) sind gestrichen.

Erster Aufzug. Neunter Auftritt

Prinz von Oranien. Egmont.
Richard dringend und erschrocken.

Egmont. Du siehst ja ganz verstört aus, Richard – was bringst du?

Richard. Die Regentin ruft Euch – Euch auch, Prinz von Oranien. Es ist dringend – der ganze Staatsrat wird versammelt – Macht Euch gefaßt, eine sehr schlimme Zeitung zu vernehmen.

Oranien. Ich lese sie in deinem entfärbten Gesicht – Herzog Alba ist unterwegs.

Richard. Er steht schon an den Grenzen von Brabant, von zehn spanischen Regimentern begleitet.

Egmont und Oranien sehen einander betroffen an.

Richard *fährt nach einer Pause fort.* Soeben brachte ein Eilbote der Statthalterin die Nachricht. – Es sind auch Briefe vom König angekommen, die sie sehr beunruhigen. Ich erfuhr es auf dem Schloß von Donna Elvira und sprengte sogleich hieher, Euch vorzubereiten. – Die Bestürzung ist allgemein; alles zittert vor dem Mordsinne des Herzogs, und man fürchtet, daß die Regentin ihm Platz machen werde.

Egmont. Laß uns allein, Richard.

Richard geht ab.

Zehnter Auftritt

Egmont. Oranien.

Egmont *nach einer Pause.* Euer Geist hat Euch diesmal gut geweissagt, Oranien – aber ich hoffe, Ihr sollt Euch dennoch geirrt haben.

Oranien. Wie, Egmont? Was erwartet Ihr noch? Würde der König einen Alba gewählt haben, um den Weg der Güte zu versuchen? Würde er, den feierlichsten Verträgen zuwider, Spanier in die Niederlande führen, wenn er ihre Freiheit nicht zu Boden treten will?

Egmont *auf- und abgehend, in großer Bewegung.* Aufs neue die Provinzen zu belästigen? [...]

Auf »Wenn Ihr wiederkommt. *(Mutter und Tochter ab.)*« (I, Bürgerhaus, S. 22,3 f.) folgt in Schillers Bearbeitung:

Zweiter Aufzug. Fünfter Auftritt

Brackenburg. Klärchen.

Brackenburg kommt still und traurig aus dem Hinterzimmer und stellt sich auf die entgegengesetzte Seite von Klärchen, welche auf ihre Arbeit sieht. Er betrachtet sie eine Zeitlang, ohne zu reden.

Brackenburg. Ihr verschmäht meine Dienste, Klärchen? Sonst war es mein Amt, Euch das Garn zu halten beim Aufwinden. Auch daraus bin ich verdrängt – wie aus allem.

Klärchen *immer an der Arbeit.* Seid nicht wunderlich, Brackenburg! Das ist keine Beschäftigung für Euch.

Brackenburg. Sonst war sie's.

Klärchen. Sonst! Die Zeiten sind vorbei.

Brackenburg. Das fühl' ich.

Klärchen. Versteht mich nicht unrecht. Ich sehe Euch nicht gern als Weib beschäftigt, wenn Euch alles zuruft, ein Mann zu sein.

Brackenburg *grübelnd.* Die Zeiten sind vorbei!

Klärchen. Was war das auf der Straße? Horch!

Brackenburg. Was wird's sein? Es sind die spanischen Patrouillen, die ihre Runde halten.

Klärchen. Seitdem dieser spanische Herzog in unsern Mauern ist, jagt jedes Geräusch mir Schrecken ein. *Indem sie ans Fenster tritt.* Was für finstre, feierliche Gesichter! Mich überläuft's kalt, wenn ich sie ansehe, und es regt sich auch nichts in den Straßen. Kein lustiges Lied hört man mehr. Es ist alles wie ausgestorben.

Brackenburg. Es wird noch leerer werden.

Klärchen *wieder an ihre Arbeit gehend.* So gleichgültig sagt Ihr das? – – Brackenburg, ich erkenne Euch nicht mehr. Sonst, wenn vom Vaterland die Rede war, floß es Euch von dem Herzen und von der Zunge, und Eure Kühnheit war kaum zu bändigen. Und jetzt –

Brackenburg. Gebt mir meine alten Hoffnungen wieder, und ich werde wieder der Alte sein. Was kümmert mich die allgemeine Not? Ihr wißt ja am besten ...

Klärchen. Muß ich, das Mädchen, Euch erinnern, was Ihr dem Vaterlande, was Ihr Euch selber schuldig seid? Was kann's helfen, daß Helden wie der Oranier – wie Graf Egmont für unsre Freiheit sich ritterlich wehren, wenn ihnen der Bürger nicht die Hand dazu bieten – nicht den Arm dazu leihen will? Oh, warum bin ich kein Mann, daß ich ihren Fahnen folgen, ihren Ruhm, ihre Gefahren mit ihnen teilen könnte!

Brackenburg. Klärchen, Ihr wißt, was ein Wink von Euch aus mir machen kann. Sprecht nur ein Wort – ein Wort wie ehemals – und Ihr sollt sehen, was ich vermag, was ich unternehme.

Klärchen. Seht, Brackenburg, ich möchte Euch aufwecken – Euch beschäftigen – möchte Euch so gern Euch selbst wiedergeben. Was wollt Ihr hier? Warum, da alles um Euch her in Bewegung ist, müßige, verlorne Stunden hier verbringen? – Gewinnt es über Euch! Ermannt Euch! Und hört – erscheint nie wieder so vor mir – so nie wieder! – Es ist heraus, was mich längst auf dem Herzen drückte. – Hört Ihr? – Ihr hört nicht. – Was habt Ihr? Was wollt Ihr mit diesem Fläschchen?

Er hat tiefsinnig zugehört und in Gedanken eine Phiole aus der Tasche gezogen. Er besinnt sich und will sie verbergen.

Klärchen *ist rascher, reißt sie ihm weg; nach einem bedeutungsvollen Stillschweigen.* Brackenburg! Ihr könnt mit dem Tode spielen?

Brackenburg. Wie Ihr mit mir. – *Nach einer Pause weicher.* Also ist es doch wahr? – Es ist – Klärchen ...?

Klärchen. Was habt Ihr? Sammelt Euch. – Ich muß fort. Meine Mutter ruft. *Will gehen.*

Brackenburg. Ist's möglich? So könnt Ihr von mir scheiden? Ohne ein freundliches Wort der Hoffnung? Ohne mir zu sagen, daß ich wiederkommen soll?

Klärchen. Faßt Euch! Ihr sollt wiederkommen – oft – aber *auf die Phiole zeigend* so etwas nicht mehr, wenn Ihr mich wiedersehen wollt.

Geht ab.

Sechster Auftritt

Brackenburg allein in großer Bewegung.

Sie hat recht! Sie erkennt mich nicht mehr – ich erkenne mich selbst nicht mehr – aber von ihr sollte ich diesen Vorwurf nicht hören. Unglücklicher! So wenig rührt dich der Jammer, die immer wachsende Not deines Vaterlandes! – Und gleich ist dir Landsmann oder Spanier, [...]

Die folgende neue Richardszene (Schiller II, 11) schließt sich bei Schiller an die Liebesszene Egmont – Klärchen an, die bei Goethe die zweite Hälfte des dritten Aktes bildet und im Original wie in der Bearbeitung mit Klärchens Worten endet: »So laß mich sterben! Die Welt hat keine Freuden auf diese!« (51,6 f.). Diese Szene hat vor allem deshalb Kritik hervorgerufen, weil Egmont, durch seinen Sekretär erneut gewarnt, nun einen unverständlichen Mangel an Urteilsvermögen und mehr Tollkühnheit als Sorglosigkeit zeigt:

Zehnter Auftritt

Egmont. Klärchen. Richard.

Richard. Werdet nicht ungehalten, Herr, daß ich noch so spät, daß ich an diesem Orte Euch beunruhige. Soeben schickte der Statthalter – Ihr seid auf morgen früh zu ihm gefordert.

Klärchen. Zu dem spanischen Herzog – ach Gott!

Egmont. Auf morgen – warum sagst du mir das noch heute?

Richard. Vergebt – ich glaubte – es könnte sein – Ihr möchtet Vorbereitungen zu treffen haben.

Egmont. Vorbereitungen?

Richard. Der Herzog läßt Euch fordern – der Herzog von Alba.

Egmont. Nun, was denn weiter? – Er wird den Staatsrat versammeln – er wird uns des Königs Willen bekannt machen – den ich nicht spät genug vernehmen kann.

Richard *beunruhigt.* Wenn es nur das wäre –

Klärchen. Gott im Himmel!

Egmont. Was sollte es sonst sein? – Verlaß uns, Träumer! Sieh, wie du mir die Kleine erschreckt hast!

Klärchen *zu Egmont.* Hör ihn – ich bitte dich – hör ihn!

Richard. Wir haben die ganze Nacht zu unserm Vorteil. – Entschließt Euch! Alle Eure Diener sind bereit – Ihr könnt Antwerpen erreicht haben, ehe man Euch hier vermißt.

Egmont. Fliehen soll ich? – Bist du bei Sinnen? – Fliehen – vor wem und weswegen?

Richard *mit Bedeutung.* Weil der Oranier – weil alles, was sich selbst liebt, geflohen ist.

Klärchen. Der Oranier geflohen? Und davon sagtest du mir nichts? O gewiß, da ist ja alles zu befürchten!

Egmont. Oranien ist nach seiner Provinz, wohin sein Amt ihn rief – das meinige befiehlt mir, hierzubleiben – hier, wo auch mein Herz ist und meine Liebe. *Sie umarmend.*

Richard *dringender einfallend.* Und ein gewisser Tod, wenn Ihr verwegen und allein Euch in des Tigers Höhle stürzt.

Klärchen. Ach nein! Nein, du mußt fort, – du mußt! Wo sich Oranien mit seiner List nicht sicher weiß, bist du mit deiner Redlichkeit verloren!

Egmont. Bedenke, was du sprichst! Vor diesem Alba soll ich mich verkriechen, durch meine Flucht des Stolzen Übermut noch mehren? Und meine Klara ist's, die mir dies rät? Oh, denke nicht so klein von deinem Egmont! Ich bleibe – werde hören, was er will! *Zu Richard* Geh du indes voran. Ich folge gleich. *Richard geht langsam und unschlüssig.*

Egmont *ihn zurückrufend.* Und höre! – Zu sehr schon haben ihn die andern merken lassen, daß sie ihn scheuen – fürchten. Ich will ihm diese Lust nicht machen. Geh – und lade alle meine Freunde – meine Diener auf einen Jubel ein auf diese Nacht. – Er wirds erwarten, daß wir sorgend harren, was uns der Morgen bringen werde. Gut! Wir wollen ihm mit unsrer lauten Lust die ganze Nacht verderben. *Klärchen umarmend.* Liebchen, lebe wohl! Auf Wiedersehen für morgen! *Will gehen.*

Klärchen. Für morgen – ach! *Sie zittert und will sinken.*

Egmont. Was ist dir? – Fasse dich!

Klärchen *sinkt ihm an die Brust.* Ich weiß es nicht. – Mir ist so bang – so schwer, als ob ich dich – zum letztenmal –

Egmont *unwillig zu Richard.* Mit deiner albernen Besorgnis! Komm zu dir, Liebe! Sieh, dein Egmont lebt, wird leben, was die Tyrannei auch spinnt! Des Volkes Liebe – meine gute Sache verbürgen jedes Haar auf meinem Haupt – Sieh da, die Mutter –

Eilfter Auftritt

Vorige. Klärchens Mutter.

Mutter. Klärchen! Gott, was gibt's?

Egmont. Beruhigt sie, Mutter! – Richard komm! *Geht.*

Klärchen *ruft ihm nach.* Egmont!

Egmont. Klärchen! *Kehrt noch einmal zurück, umarmt sie, dann beide auf verschiedenen Seiten ab.*

Zur Kritik forderte auch die folgende umgearbeitete Gefängnisszene des Goetheschen fünften Aktes heraus (82,1 bis 84,9; Schiller, III, 5), ein vergröbernder »Theatercoup«, in dem Egmont Albas niedrigen Charakter entlarvt und dann seinem vermummten Gegenüber tatsächlich die Maske vom Gesicht reißt (vgl. Kap. IV Goethes Gespräch mit Heinrich Schmidt vom 24. Dezember 1806 und sein Gespräch mit Eckermann vom 18. Januar 1825):

Dritter Aufzug. Fünfter Auftritt

Egmont. Ferdinand und Silva, von einem Vermummten und einigen Gewaffneten begleitet. Voraus vier Fackelträger.

Silva *noch außerhalb.* Ihr andern wartet!

Egmont. Wer seid ihr? Was kündigen eure unsicheren, trotzigen Blicke mir an? Warum diesen fürchterlichen Aufzug?

Silva. Uns schickt der Herzog, dir dein Urteil anzukündigen.

Egmont. Bringst du den Henker gleich mit, es zu vollenden?

Er sieht den Vermummten an, der näher vorkommt und ihm gerad gegenübertritt. Ferdinand hält sich in der Ferne.

Silva. Vernimm es, so wirst du wissen, was deiner wartet!

Egmont. So ziemt es euch und eurem schändlichen Beginnen! In Nacht gebrütet und in Nacht vollführt! *Immer auf den Vermummten die Augen heftend.* Tritt kühn hervor, der du das Schwert verhüllt unter dem Mantel trägst! Hier ist mein Haupt, das freieste, das je die Tyrannei vom Rumpf gerissen.

Silva. Du irrst! Was gerechte Richter beschließen, werden sie vorm Angesicht des Tages nicht verbergen.

Egmont. So übersteigt die Frechheit jeden Begriff und Gedanken.

Silva *nimmt einem Dabeistehenden das Urteil ab, entfaltet's und liest.* »Im Namen des Königs und kraft besonderer, von Seiner Majestät uns übertragenen Gewalt, alle seine Untertanen, wes Standes sie seien, zugleich die Ritter des Goldenen Vließes zu richten, erkennen wir –«

Egmont. Kann die der König übertragen?

Silva. »Erkennen wir, nach vorgängiger genauer, gesetzlicher Untersuchung, dich, Heinrich Grafen Egmont, Prinzen von Gaure, des Hochverrats schuldig und sprechen das Urteil, daß du mit der Frühe des einbrechenden Morgens aus dem Kerker auf den Markt geführt und dort vorm Angesicht des Volks zur Warnung aller Verräter mit dem Schwerte vom Leben zum Tode gebracht werden sollest. Gegeben Brüssel am« *Datum und Jahreszahl werden undeutlich gelesen, so daß sie der Zuhörer nicht versteht.*

»Ferdinand, Herzog von Alba.«

Du weißt nun dein Schicksal; es bleibt dir wenige Zeit, dich drein zu ergeben, dein Haus zu bestellen und von den Deinigen Abschied zu nehmen.

Silva mit dem Gefolge ab. Es bleibt der Vermummte mit Ferdinand und zwei Fackeln; das Theater ist mäßig erleuchtet.

Sechster Auftritt

Egmont. Ferdinand. Der Vermummte und einige Fackelträger.

Egmont *hat eine Weile, in sich versenkt, stille gestanden und Silva, ohne sich umzusehen, abgehen lassen. Er glaubt sich allein, und da er die Augen aufhebt, erblickt er Albas Sohn.* Du stehst und bleibst? Willst du mein Erstaunen, mein Entsetzen noch durch deine Gegenwart vermehren? Willst du noch etwa die willkommne Botschaft deinem Vater bringen, daß ich unmännlich verzweifle? Geh! Sag ihm, sag ihm, daß er weder mich noch die Welt belügt! *Er bemerkt den Vermummten, sieht ihn eine Weile forschend an, fährt dann fort, die Worte zum Teil an diesen richtend.* Ihm, dem Ruhmsüchtigen, wird man es erst hinter den Schultern leise flüstern, dann laut und lauter sagen, und wenn er einst von diesem Gipfel herabsteigt, werden tausend Stimmen es ihm entgegenrufen: Nicht das Wohl des Staats, nicht die Ruhe der Provinzen haben ihn hierher gebracht. Um sein selbst willen hat er Krieg geraten, daß der Krieger im Kriege gelte. Er hat diese ungeheure Verwirrung erregt, damit man seiner bedürfe. Und ich falle, ein Opfer seines niedrigen Hasses, seines kleinlichen Neides. Ja, ich weiß es, und ich darf es sagen, der Sterbende kann es sagen: Mich hat der Eingebildete beneidet; mich wegzutilgen, hat er lange gesonnen und gedacht.

Schon damals, als wir, noch jünger, mit Würfeln spielten und die Haufen Goldes, einer nach dem andern, von seiner Seite zu mir herübereilten, da stand er grimmig, log Gelassenheit, und innerlich verzehrt' ihn die Ärgernis, mehr über mein Glück als über seinen Verlust. Noch seh' ich seinen funkelnden Blick, als wir an einem öffentlichen Feste vor vielen tausend Menschen um die Wette schossen. Er forderte mich auf, und beide Nationen standen; die Spanier, die Niederländer wetteten und wünschten. Ich überwand ihn; seine Kugel irrte, die meine traf; ein lautes Freudengeschrei der Meinigen erfüllte die Luft. Nun trifft mich sein Geschoß. Sag ihm, daß ich's weiß, daß ich ihn kenne, daß die Welt ihn kennen wird – daß sie ihm früher oder später die Larve abreißen wird *indem er schnell auf den Vermummten zugeht und ihm das Gesicht entblößt*, wie ich sie ihm jetzt hier abreiße. *Man erkennt den Herzog von Alba, der schnell sich entfernt.*

Siebenter Auftritt

Egmont. Ferdinand noch immer unbeweglich stehend.

Egmont *nach einer Pause.* O des kläglichen Tyrannen – Todesurteile kann er schreiben, aber den Blick des bessern Mannes kann er nicht aushalten. *Zu Ferdinand.* Stehst du noch hier? Warum folgst du ihm nicht? Schäme dich nur – schäme dich für den, den du gerne von ganzem Herzen verehren möchtest.

Ferdinand. Ich höre dich an, [...].

(Schillers Werke. Nationalausgabe. 13. Bd., 1. Teil. Hrsg. von Hans Heinrich Borcherdt. Weimar 1949. S. 1–72)

VII. Texte zur Diskussion

1. Literarische Vergleichsstücke

Friedrich Schiller: »Don Carlos«, Auszug aus III, 10:

Marquis. Sire!
Jüngst kam ich an von Flandern und Brabant –
So viele reiche, blühende Provinzen!
Ein kräftiges, ein großes Volk – und auch
Ein gutes Volk – und Vater dieses Volkes!
Das, dacht' ich, das muß göttlich sein! – Da stieß
Ich auf verbrannte menschliche Gebeine –
(Hier schweigt er still; seine Augen ruhen auf dem König, der es versucht, diesen Blick zu erwidern, aber betroffen und verwirrt zur Erde sieht.)
Sie haben recht. *Sie* müssen. Daß Sie *können,*
Was Sie zu müssen eingesehn, hat mich
Mit schauernder Bewunderung durchdrungen.
O schade, daß, in seinem Blut gewälzt,
Das Opfer wenig dazu taugt, dem Geist
Des Opferers ein Loblied anzustimmen!
Daß Menschen nur – nicht Wesen höhrer Art –
Die Weltgeschichte schreiben! – Sanftere
Jahrhunderte verdrängen Philipps Zeiten;
Die bringen mildre Weisheit; Bürgerglück
Wird dann versöhnt mit Fürstengröße wandeln,
Der karge Staat mit seinen Kindern geizen,
Und die Notwendigkeit wird menschlich sein.
König. Wann, denkt Ihr, würden diese menschlichen
Jahrhunderte erscheinen, hätt' ich vor
Dem Fluch des jetzigen gezittert? Sehet
In meinem Spanien Euch um. Hier blüht
Des Bürgers Glück in nie bewölktem Frieden;
Und *diese Ruhe* gönn ich den Flamändern.
Marquis *(schnell).*
Die Ruhe eines Kirchhofs! Und Sie hoffen,
Zu endigen, was Sie begannen? hoffen,
Der Christenheit gezeitigte Verwandlung,
Den allgemeinen Frühling aufzuhalten,

Der die Gestalt der Welt verjüngt? *Sie* wollen
Allein in ganz Europa – sich dem Rade
Des Weltverhängnisses, das unaufhaltsam
In vollem Laufe rollt, entgegenwerfen?
Mit Menschenarm in seine Speichen fallen?
Sie werden nicht! Schon flohen Tausende
Aus Ihren Ländern froh und arm. Der Bürger,
Den Sie verloren für den Glauben, war
Ihr edelster. Mit offnen Mutterarmen
Empfängt die Fliehenden Elisabeth,
Und fruchtbar blüht durch Künste unsres Landes
Britannien. Verlassen von dem Fleiß
Der neuen Christen, liegt Grenada öde,
Und jauchzend sieht Europa seinen Feind
An selbstgeschlagnen Wunden sich verbluten.

(Der König ist bewegt, der Marquis bemerkt es und tritt einige Schritte näher.)

Sie wollen pflanzen für die Ewigkeit,
Und säen Tod? Ein so erzwungnes Werk
Wird seines Schöpfers Geist nicht überdauern.
Dem Undank haben Sie gebaut – umsonst
Den harten Kampf mit der Natur gerungen,
Umsonst ein großes königliches Leben
Zerstörenden Entwürfen hingeopfert.
Der Mensch ist mehr, als Sie von ihm gehalten.
Des langen Schlummers Bande wird er brechen
Und wiederfordern sein geheiligt Recht.
Zu einem *Nero* und *Busiris* wirft
Er Ihren Namen, und – das schmerzt mich; denn
Sie waren gut.

König. Wer hat Euch dessen so
Gewiß gemacht?

Marquis *(mit Feuer).* Ja, beim Allmächtigen!
Ja – ja – ich wiederhol es. Geben Sie,
Was Sie uns nahmen, wieder! Lassen Sie,
Großmütig, wie der Starke, Menschenglück
Aus Ihrem Füllhorn strömen – Geister reifen
In Ihrem Weltgebäude! Geben Sie,
Was Sie uns nahmen, wieder. Werden Sie
Von Millionen Königen ein König. *(Er nähert sich ihm kühn, indem er feste und feurige Blicke auf ihn richtet.)*

O könnte die Beredsamkeit von allen
Den Tausenden, die dieser großen Stunde
Teilhaftig sind, auf meinen Lippen schweben,
Den Strahl, den ich in diesen Augen merke,
Zur Flamme zu erheben! – Geben Sie
Die unnatürliche Vergöttrung auf,
Die uns vernichtet. Werden Sie uns Muster
Des Ewigen und Wahren. Niemals – niemals
Besaß ein Sterblicher so viel, so göttlich
Es zu gebrauchen. Alle Könige
Europens huldigen dem span'schen Namen.
Gehn Sie Europens Königen voran.
Ein Federzug von dieser Hand, und neu
Erschaffen wird die Erde. Geben Sie
Gedankenfreiheit – *(Sich ihm zu Füßen werfend.)*

König *(überrascht, das Gesicht weggewandt und dann wieder auf den Marquis geheftet).*
Sonderbarer Schwärmer!
Doch – stehet auf – ich –

Marquis. Sehen Sie sich um
In seiner herrlichen Natur! Auf Freiheit
Ist sie gegründet – und wie reich ist sie
Durch Freiheit! Er, der große Schöpfer, wirft
In einen Tropfen Tau den Wurm und läßt
Noch in den toten Räumen der Verwesung
Die Willkür sich ergetzen – *Ihre* Schöpfung,
Wie eng und arm! Das Rauschen eines Blattes
Erschreckt den Herrn der Christenheit – *Sie* müssen
Vor jeder Tugend zittern. *Er* – der Freiheit
Entzückende Erscheinung nicht zu stören –
Er läßt des Übels grauenvolles Heer
In seinem Weltall lieber toben – ihn,
Den Künstler, wird man nicht gewahr, bescheiden
Verhüllt er sich in ewige Gesetze;
Die sieht der Freigeist, doch nicht *ihn.* Wozu
Ein Gott? sagt er; die Welt ist sich genug.
Und keines Christen Andacht hat ihn mehr,
Als dieses Freigeists Lästerung, gepriesen.

König. Und wollet Ihr es unternehmen, dies
Erhabne Muster in der Sterblichkeit
In meinen Staaten nachzubilden?

Marquis. Sie,
Sie können es. Wer anders? Weihen Sie
Dem Glück der Völker die Regentenkraft,
Die – ach so lang – des Thrones Größe nur
Gewuchert hatte – stellen Sie der Menschheit
Verlornen Adel wieder her. Der Bürger
Sei wiederum, was er zuvor gewesen,
Der Krone Zweck – ihn binde keine Pflicht
Als seiner Brüder gleich ehrwürd'ge Rechte.
Wenn nun der Mensch, sich selbst zurückgegeben,
Zu seines Werts Gefühl erwacht – der Freiheit
Erhabne, stolze Tugenden gedeihen –
Dann, Sire, wenn Sie zum glücklichsten der Welt
Ihr eignes Königreich gemacht – dann ist
Es Ihre Pflicht, die Welt zu unterwerfen.
König *(nach einem großen Stillschweigen).*
Ich ließ Euch bis zu Ende reden – Anders,
Begreif ich wohl, als sonst in Menschenköpfen
Malt sich in diesem Kopf die Welt – auch will
Ich fremdem Maßstab Euch nicht unterwerfen.
Ich bin der erste, dem Ihr Euer Innerstes
Enthüllt. Ich glaub es, weil ich's weiß. Um dieser
Enthaltung willen, solche Meinungen,
Mit solchem Feuer doch umfaßt, verschwiegen
Zu haben bis auf diesen Tag – um dieser
Bescheidnen Klugheit willen, junger Mann,
Will ich vergessen, daß ich sie erfahren
Und wie ich sie erfahren. Stehet auf.
Ich will den Jüngling, der sich übereilte,
Als Greis und nicht als König widerlegen.
Ich will es, weil ich's will – Gift also selbst,
Find ich, kann in gutartigen Naturen
Zu etwas Besserm sich veredeln – Aber
Flieht meine Inquisition. – Es sollte
Mir leid tun –
Marquis. Wirklich? Sollt' es das?
König *(in seinem Anblick verloren).* Ich habe
Solch einen Menschen nie gesehen. – Nein!
Nein, Marquis! Ihr tut mir zuviel. Ich will
Nicht Nero sein. Ich will es nicht sein – will
Es gegen Euch nicht sein. Nicht alle

Glückseligkeit soll unter mir verdorren.
Ihr selbst, Ihr sollet unter meinen Augen
Fortfahren dürfen, Mensch zu sein. [...]

(Reclams Universal-Bibliothek Nr. 38/38a)

Heinrich von Kleist: »Prinz Friedrich von Homburg«, IV, 4:

Vierter Auftritt

Prinzessin Natalie tritt auf, geführt von dem Rittmeister, Graf Reuß. Hofdamen folgen. Ihnen voran tritt ein Läufer mit einer Fackel. – Der Prinz von Homburg.

Läufer. Durchlaucht, Prinzessin von Oranien!
Der Prinz von Homburg *(steht auf)*.
Natalie!
Läufer. Hier ist sie selber schon.
Natalie *(verbeugt sich gegen den Grafen)*.
Laßt uns auf einen Augenblick allein!
(Graf Reuß und der Läufer ab.)
Der Prinz von Homburg.
Mein teures Fräulein!
Natalie. Lieber, guter Vetter!
Der Prinz von Homburg *(führt sie vor)*.
Nun sagt, was bringt Ihr? Sprecht! Wie stehts mit mir?
Natalie. Gut. Alles gut. Wie ich vorher Euch sagte,
Begnadigt seid Ihr, frei; hier ist ein Brief,
Von seiner Hand, der es bekräftiget.
Der Prinz von Homburg.
Es ist nicht möglich! Nein! Es ist ein Traum!
Natalie.
Lest, lest den Brief! So werdet Ihrs erfahren.
Der Prinz von Homburg *(liest)*.
»Mein Prinz von Homburg, als ich Euch gefangen setzte,
Um Eures Angriffs, allzufrüh vollbracht,
Da glaubt ich nichts, als meine Pflicht zu tun;
Auf Euren eignen Beifall rechnet ich.
Meint Ihr, ein Unrecht sei Euch widerfahren,
So bitt ich, sagts mir mit zwei Worten –
Und gleich den Degen schick ich Euch zurück.«
(Natalie erblaßt. Pause. Der Prinz sieht sie fragend an.)

Natalie *(mit dem Ausdruck plötzlicher Freude).*
Nun denn, da stehts! Zwei Worte nur bedarfs –!
O lieber süßer Freund! *(Sie drückt seine Hand.)*
Der Prinz von Homburg.
Mein teures Fräulein!
Natalie. O sel'ge Stunde, die mir aufgegangen! –
Hier, nehmt, hier ist die Feder; nehmt, und schreibt!
Der Prinz von Homburg.
Und hier die Unterschrift?
Natalie. Das F; sein Zeichen! –
O Bork! O freut euch doch! – O seine Milde
Ist uferlos, ich wußt es, wie die See. –
Schafft einen Stuhl nur her, er soll gleich schreiben.
Der Prinz von Homburg.
Er sagt, wenn ich der Meinung wäre –?
Natalie *(unterbricht ihn).* Freilich!
Geschwind! Setzt Euch! Ich will es Euch diktieren.
(Sie setzt ihm einen Stuhl hin.)
Der Prinz von Homburg.
– Ich will den Brief noch einmal überlesen.
Natalie *(reißt ihm den Brief aus der Hand).*
Wozu? – Saht Ihr die Gruft nicht schon im Münster,
Mit offnem Rachen, Euch entgegengähn'n? –
Der Augenblick ist dringend. Sitzt und schreibt!
Der Prinz von Homburg *(lächelnd).*
Wahrhaftig, tut Ihr doch, als würde sie
Mir, wie ein Panther, übern Nacken kommen.
(Er setzt sich, und nimmt eine Feder.)
Natalie *(wendet sich und weint).*
Schreibt, wenn Ihr mich nicht böse machen wollt!
(Der Prinz klingelt einem Bedienten; der Bediente tritt auf.)
Der Prinz von Homburg.
Papier und Feder, Wachs und Petschaft mir!
(Der Bediente nachdem er diese Sachen zusammengesucht, geht wieder ab. Der Prinz schreibt. – Pause.)
Der Prinz von Homburg *(indem er den Brief, den er angefangen hat, zerreißt und unter den Tisch wirft).*
Ein dummer Anfang. *(Er nimmt ein anderes Blatt.)*
Natalie *(hebt den Brief auf).*
Wie? Was sagtet Ihr? –
Mein Gott, das ist ja gut; das ist vortrefflich!

Der Prinz von Homburg *(in den Bart).*
Pah! – Eines Schuftes Fassung, keines Prinzen. –
Ich denk mir eine andre Wendung aus.
(Pause. – Er greift nach des Kurfürsten Brief, den die Prinzessin in der Hand hält.)
Was sagt er eigentlich im Briefe denn?
Natalie *(ihn verweigernd).*
Nichts, gar nichts!
Der Prinz von Homburg.
Gebt!
Natalie. Ihr last ihn ja!
Der Prinz von Homburg *(erhascht ihn).*
Wenn gleich!
Ich will nur sehn, wie ich mich fassen soll.
(Er entfaltet und überliest ihn.)
Natalie *(für sich).*
O Gott der Welt! Jetzt ists um ihn geschehn!
Der Prinz von Homburg *(betroffen).*
Sieh da! Höchst wunderbar, so wahr ich lebe!
– Du übersahst die Stelle wohl?
Natalie. Nein! – Welche?
Der Prinz von Homburg.
Mich selber ruft er zur Entscheidung auf!
Natalie. Nun ja!
Der Prinz von Homburg.
Recht wacker, in der Tat, recht würdig!
Recht, wie ein großes Herz sich fassen muß!
Natalie. O seine Großmut, Freund, ist ohne Grenzen!
– Doch nun tu auch das Deine du, und schreib,
Wie ers begehrt; du siehst, es ist der Vorwand,
Die äußre Form nur, deren es bedarf:
Sobald er die zwei Wort in Händen hat,
Flugs ist der ganze Streit vorbei!
Der Prinz von Homburg *(legt den Brief weg).*
Nein, Liebe!
Ich will die Sach bis morgen überlegen.
Natalie. Du Unbegreiflicher! Welch eine Wendung? –
Warum? Weshalb?
Der Prinz von Homburg *(erhebt sich leidenschaftlich vom Stuhl).* Ich bitte, frag mich nicht!
Du hast des Briefes Inhalt nicht erwogen!

Daß er mir unrecht tat, wies mir bedingt wird,
Das kann ich ihm nicht schreiben; zwingst du mich,
Antwort, in dieser Stimmung, ihm zu geben,
Bei Gott! so setz ich hin, du tust mir recht!
(Er läßt sich mit verschränkten Armen wieder an den Tisch nieder und sieht in den Brief.)

Natalie *(bleich)*.
Du Rasender! Was für ein Wort sprachst du?
(Sie beugt sich gerührt über ihn.)

Der Prinz von Homburg *(drückt ihr die Hand)*.
Laß, einen Augenblick! Mir scheint – *(Er sinnt.)*

Natalie. Was sagst du?

Der Prinz von Homburg.
Gleich werd ich wissen, wie ich schreiben soll.

Natalie *(schmerzvoll)*.
Homburg!

Der Prinz von Homburg *(nimmt die Feder)*.
Ich hör! Was gibts?

Natalie. Mein süßer Freund!
Die Regung lob ich, die dein Herz ergriff.
Das aber schwör ich dir: das Regiment
Ist kommandiert, das dir Versenktem morgen,
Aus Karabinern, überm Grabeshügel,
Versöhnt die Totenfeier halten soll.
Kannst du dem Rechtsspruch, edel wie du bist,
Nicht widerstreben, nicht ihn aufzuheben,
Tun, wie ers hier in diesem Brief verlangt:
Nun so versichr' ich dich, er faßt sich dir
Erhaben, wie die Sache steht, und läßt
Den Spruch mitleidsvoll morgen dir vollstrecken!

Der Prinz von Homburg *(schreibend)*.
Gleichviel!

Natalie. Gleichviel?

Der Prinz von Homburg. Er handle, wie er darf;
Mir ziemts hier zu verfahren, wie ich soll!

Natalie *(tritt erschrocken näher)*.
Du Ungeheuerster, ich glaub, du schriebst?

Der Prinz von Homburg *(schließt)*.
»Homburg; gegeben, Fehrbellin, am zwölften –«;
Ich bin schon fertig. – Franz!
(Er kuvertiert und siegelt den Brief.)

N a t a l i e. O Gott im Himmel!
D e r P r i n z v o n H o m b u r g *(steht auf).*
Bring diesen Brief aufs Schloß, zu meinem Herrn!
(Der Bediente ab.)
Ich will ihm, der so würdig vor mir steht,
Nicht, ein Unwürdger, gegenüber stehn!
Schuld ruht, bedeutende, mir auf der Brust,
Wie ich es wohl erkenne; kann er mir
Vergeben nur, wenn ich mit ihm drum streite,
So mag ich nichts von seiner Gnade wissen.
N a t a l i e *(küßt ihn).*
Nimm diesen Kuß! – Und bohrten gleich zwölf Kugeln
Dich jetzt in Staub, nicht halten könnt ich mich,
Und jauchzt und weint und spräche: du gefällst mir!
[. . .]

(Reclams Universal-Bibliothek Nr. 178)

2. *Texte zum Verhältnis von Geschichte und Drama*

In seinem »Versuch einer Critischen Dichtkunst« gibt Johann Christoph G o t t s c h e d (1700–66) folgendes berühmt-berüchtigte Rezept zum Verfassen von Tragödien:

»11. §. Wie eine gute tragische Fabel gemacht werden müsse, das ist schon im vierten Hauptstücke des ersten Theils einigermaßen gewiesen worden. Der Poet wählet sich einen moralischen Lehrsatz, den er seinen Zuschauern auf eine sinnliche Art einprägen will. Dazu ersinnt er sich eine allgemeine Fabel, daraus die Wahrheit eines Satzes erhellet. Hiernächst suchet er in der Historie solche berühmte Leute, denen etwas ähnliches begegnet ist: und von diesen entlehnet er die Namen, für die Personen seiner Fabel; um derselben also ein Ansehen zu geben. Er erdenket sodann alle Umstände dazu, um die Hauptfabel recht wahrscheinlich zu machen: und das werden die Zwischenfabeln, oder Episodia nach neuer Art, genannt. Dieses theilt er dann in fünf Stücke ein, die ohngefähr gleich groß sind, und ordnet sie so, daß natürlicher Weise das letztere aus dem vorhergehenden fließt; bekümmert sich aber weiter nicht, ob alles in der

Historie wirklich so vorgegangen, oder ob alle Nebenpersonen wirklich so, und nicht anders geheißen haben. [...]«

(Gottsched: Versuch einer Critischen Dichtkunst. Leipzig 1751. Photomechanischer Nachdruck: Darmstadt 1962. S. 611)

Gotthold Ephraim L e s s i n g kommt in seiner »Hamburgischen Dramaturgie« (1767/69) mehrfach auf die Frage zu sprechen, inwieweit der Tragödiendichter der historischen Wahrheit zu folgen habe.

Aus dem »19. Stück«:
»Nun hat es Aristoteles längst entschieden, wie weit sich der tragische Dichter um die historische Wahrheit zu bekümmern habe; nicht weiter, als sie einer wohleingerichteten Fabel ähnlich ist, mit der er seine Absichten verbinden kann. Er braucht eine Geschichte nicht darum, weil sie geschehen ist, sondern darum, weil sie so geschehen ist, daß er sie schwerlich zu seinem gegenwärtigen Zwecke besser erdichten könnte. Findet er diese Schicklichkeit von ohngefähr an einem wahren Falle, so ist ihm der wahre Fall willkommen; aber die Geschichtbücher erst lange darum nachzuschlagen, lohnt der Mühe nicht. Und wie viele wissen denn, was geschehen ist? Wenn wir die Möglichkeit, daß etwas geschehen kann, nur daher abnehmen wollen, weil es geschehen ist: was hindert uns, eine gänzlich erdichtete Fabel für eine wirklich geschehene Historie zu halten, von der wir nie etwas gehört haben? Was ist das erste, was uns eine Historie glaubwürdig macht? Ist es nicht ihre innere Wahrscheinlichkeit? Und ist es nicht einerlei, ob diese Wahrscheinlichkeit von gar keinen Zeugnissen und Überlieferungen bestätigt wird, oder von solchen, die zu unserer Wissenschaft noch nie gelangt sind? Es wird ohne Grund angenommen, daß es eine Bestimmung des Theaters mit sei, das Andenken großer Männer zu erhalten; dafür ist die Geschichte, aber nicht das Theater. Auf dem Theater sollen wir nicht lernen, was dieser oder jener einzelne Mensch getan hat, sondern was ein jeder Mensch von einem gewissen Charakter unter gewissen gegebenen Umständen tun werde. Die Absicht der Tragödie ist weit philosophischer, als die Absicht der Geschichte; und es heißt sie von ihrer wahren Würde herabsetzen, wenn man sie zu einem bloßen

Panegyrikus[1] berühmter Männer macht, oder sie gar den Nationalstolz zu nähren mißbraucht.«

Aus dem »23. Stück«:
»[...] sind es die bloßen Fakta, die Umstände der Zeit und des Ortes, oder sind es die Charaktere der Personen, durch welche die Fakta wirklich geworden, warum der Dichter lieber diese als eine andere Begebenheit wählet? Wenn es die Charaktere sind, so ist die Frage gleich entschieden, wie weit der Dichter von der historischen Wahrheit abgehen könne. In allem, was die Charaktere nicht betrifft, soweit er will. Nur die Charaktere sind ihm heilig; diese zu verstärken, diese in ihrem besten Licht zu zeigen, ist alles, was er von dem Seinigen dabei hinzutun darf; die geringste wesentliche Veränderung würde die Ursache aufheben, warum sie diese und nicht andere Namen führen; und nichts ist anstößiger, als wovon wir uns keine Ursache geben können.«

Aus dem »24. Stück«:
»Kurz: die Tragödie ist keine dialogierte Geschichte; die Geschichte ist für die Tragödie nichts, als ein Repertorium[2] von Namen, mit denen wir gewisse Charaktere zu verbinden gewohnt sind. Findet der Dichter in der Geschichte mehrere Umstände zur Ausschmückung und Individualisirung seines Stoffes bequem: wohl, so brauche er sie. Nur daß man ihm hieraus ebensowenig ein Verdienst, als aus dem Gegenteile ein Verbrechen mache!«

(Lessings Werke. Hrsg. von Julius Petersen und Waldemar von Olshausen. Bd. 5. Berlin u. a. o. J. [1926]. S. 96, 113, 115)

Schiller schreibt in seinem Aufsatz »Über die tragische Kunst« (1792):

»Die Tragödie ist viertens poetische Nachahmung einer mitleidswürdigen Handlung, und dadurch wird sie der historischen entgegengesetzt. Das letztere würde sie sein, wenn sie einen historischen Zweck verfolgte, wenn sie darauf ausginge, von geschehenen Dingen und von der Art ihres Geschehens zu unterrichten. In diesem Falle müßte sie

1. griech., Lobrede, dichterische Verherrlichung.
2. lat., (Sach-)Verzeichnis.

sich streng an historische Richtigkeit halten, weil sie einzig nur durch treue Darstellung des wirklich Geschehenen ihre Absicht erreichte. Aber die Tragödie hat einen poetischen Zweck, d. i. sie stellt eine Handlung dar, um zu rühren und durch Rührung zu ergötzen. Behandelt sie also einen gegebenen Stoff nach diesem ihrem Zwecke, so wird sie eben dadurch in der Nachahmung frei; sie erhält Macht, ja Verbindlichkeit, die historische Wahrheit den Gesetzen der Dichtkunst unterzuordnen und den gegebenen Stoff nach ihrem Bedürfnisse zu bearbeiten. Da sie aber ihren Zweck, die Rührung, nur unter der Bedingung der höchsten Übereinstimmung mit den Gesetzen der Natur zu erreichen imstande ist, so steht sie, ihrer historischen Freiheit unbeschadet, unter dem strengen Gesetz der Naturwahrheit, welche man im Gegensatz von der historischen die poetische Wahrheit nennt. So läßt sich begreifen, wie bei strenger Beobachtung der historischen Wahrheit nicht selten die poetische leiden, und umgekehrt bei grober Verletzung der historischen die poetische nur um so mehr gewinnen kann. Da der tragische Dichter, so wie überhaupt jeder Dichter, nur unter dem Gesetz der poetischen Wahrheit steht, so kann die gewissenhafteste Beobachtung der historischen ihn nie von seiner Dichterpflicht lossprechen, nie einer Übertretung der poetischen Wahrheit, nie einem Mangel des Interesse zur Entschuldigung gereichen. Es verrät daher sehr beschränkte Begriffe von der tragischen Kunst, ja von der Dichtkunst überhaupt, den Tragödiendichter vor das Tribunal der Geschichte zu ziehen und Unterricht von demjenigen zu fordern, der sich schon vermöge seines Namens bloß zu Rührung und Ergötzung verbindlich macht. Sogar dann, wenn sich der Dichter selbst durch eine ängstliche Unterwürfigkeit gegen historische Wahrheit seines Künstlervorrechts begeben und der Geschichte eine Gerichtsbarkeit über sein Produkt stillschweigend eingeräumt haben sollte, fordert die Kunst ihn mit allem Rechte vor ihren Richterstuhl, und ein Tod Hermanns, eine Minona, ein Fust von Stromberg würden, wenn sie hier die Prüfung nicht aushielten, bei noch so pünktlicher Befolgung der Kostüme, des Volks- und des Zeitcharakters mittelmäßige Tragödien heißen.«

(Reclams Universal-Bibliothek Nr. 2731/31a, S. 50 f.)

Schiller in seinem Brief an Goethe vom 4. April 1797:

»Ich finde, je mehr ich über mein eigenes Geschäft und über die Behandlungsart der Tragödie bei den Griechen nachdenke, daß der ganze Cardo rei[3] in der Kunst liegt, eine poetische Fabel zu erfinden. Der Neuere schlägt sich mühselig und ängstlich mit Zufälligkeiten und Nebendingen herum, und über dem Bestreben, der Wirklichkeit recht nahe zu kommen, beladet er sich mit dem Leeren und Unbedeutenden, und darüber läuft er Gefahr, die tiefliegende Wahrheit zu verlieren, worin eigentlich alles Poetische liegt. Er möchte gern einen wirklichen Fall vollkommen nachahmen und bedenkt nicht, daß eine poetische Darstellung mit der Wirklichkeit eben darum, weil sie absolut wahr ist, niemals koinzidieren[4] kann.«

(Goethe, Gedenkausgabe der Werke, Briefe und Gespräche. Hrsg. von Ernst Beutler. Bd. 20. Zürich 1950. S. 322 f.)

Schiller in seinem Brief an Goethe vom 20. August 1799:

»Überhaupt glaube ich, daß man wohl tun würde, immer nur die allgemeine Situation, die Zeit und die Personen aus der Geschichte zu nehmen und alles übrige poetisch frei zu erfinden, wodurch eine mittlere Gattung von Stoffen entstünde, welche die Vorteile des historischen Dramas mit dem erdichteten vereinigte.«

(Goethe, Gedenkausgabe, a. a. O., S. 750)

Goethe schrieb am 21. August 1799 an Schiller:

»Es ist gar keine Frage, daß, wenn die Geschichte das simple Faktum, den nackten Gegenstand hergibt und der Dichter Stoff und Behandlung, so ist man besser und bequemer dran, als wenn man sich des Ausführlichen und Umständlichern der Geschichte bedienen soll; denn da wird man immer genötigt, das Besondere des Zustands mit aufzunehmen, man entfernt sich vom rein Menschlichen, und die Poesie kommt ins Gedränge.«

(Goethe, Gedenkausgabe, a. a. O., S. 752)

3. lat., Angelpunkt (Wendepunkt) der Sache.
4. lat., übereinstimmen.

In einem Gespräch mit dem Historiker Heinrich Luden (1780–1847), das am 19. August 1806 stattfand, äußerte Goethe:

»[...], so würde doch ein großer Unterschied zwischen dem Dichter und dem Historiker bleiben. Der Dichter schafft seine Welt frei, nach seiner eigenen Idee, und darum kann er sie vollkommen und vollendet hinstellen, der Historiker ist gebunden; denn er muß seine Welt so aufbauen, daß die sämmtlichen Bruchstücke hineinpassen, welche die Geschichte auf uns gebracht hat. Deßwegen wird er niemals ein vollkommenes Werk liefern können, sondern immer wird die Mühe des Suchens, des Sammelns, des Flickens und Leimens sichtbar bleiben.«

(Goethes Gespräche. Hrsg. von Woldemar Frh. von Biedermann. Bd. 2. Leipzig 1889. S. 97)

In einem Aufsatz über Alessandro Manzonis (1785–1873) historisches Trauerspiel »Il Conte de Carmagnola« (1820) schreibt Goethe:

»Da sieht man denn gleich bei der summarischen Aufzählung der Personen, daß der Verfasser mit einem krittelnden Publikum zu tun hat, über das er sich nach und nach ganz erheben muß; denn gewiß nicht aus eignem Gefühl und Überzeugung hat er seine Personen in historische und ideelle geteilt. Da wir unsere unbedingte Zufriedenheit mit seiner Arbeit ausgesprochen, so erlaube er uns hier, ihn zu bitten, daß er jenen Unterschied niemals wieder gelten lasse. Für den Dichter ist keine Person historisch; es beliebt ihm, seine sittliche Welt darzustellen, und er erweist zu diesem Zweck gewissen Personen aus der Geschichte die Ehre, ihren Namen seinen Geschöpfen zu leihen.«

(Goethes Sämtliche Werke: Jubiläums-Ausgabe. Bd. 37. Stuttgart u. Leipzig o. J. S. 166 f.)

In Goethes »Maximen und Reflexionen« findet sich folgende Äußerung:

»Die Frage: wer höher steht, der Historiker oder der Dichter? darf gar nicht aufgeworfen werden; sie konkurrieren nicht mit einander, so wenig als der Wettläufer und der Faustkämpfer. Jedem gebührt seine eigene Krone.«

(Goethes Sämtliche Werke: Jubiläums-Ausgabe. Bd. 38. S. 261)

Georg Büchner (1813–37) bezieht sich in zwei Briefen an seine Familie zwar auf sein Drama »Dantons Tod«, kommt aber zu allgemeinen Schlußfolgerungen:

Straßburg, den 5. Mai 1835

Im Fall es [*Dantons Tod*] Euch zu Gesicht kommt, bitte ich Euch, bei Eurer Beurteilung vorerst zu bedenken, daß ich der Geschichte treu bleiben und die Männer der Revolution geben mußte, wie sie waren: blutig, liederlich, energisch und zynisch. Ich betrachte mein Drama wie ein geschichtliches Gemälde, das seinem Original gleichen muß [...].

Straßburg, den 28. Juli 1835

Was übrigens die sogenannte Unsittlichkeit meines Buchs angeht, so habe ich folgendes zu antworten: Der dramatische Dichter ist in meinen Augen nichts als ein Geschichtsschreiber, steht aber *über* letzterem dadurch, daß er uns die Geschichte zum zweiten Mal erschafft und uns gleich unmittelbar, statt eine trockene Erzählung zu geben, in das Leben einer Zeit hineinversetzt, uns statt Charakteristiken Charaktere und statt Beschreibungen Gestalten gibt. Seine höchste Aufgabe ist es, der Geschichte, wie sie sich wirklich begeben, so nahe wie möglich zu kommen. Sein Buch darf weder sittlicher noch unsittlicher sein als die Geschichte selbst; aber die Geschichte ist vom lieben Herrgott nicht zu einer Lektüre für junge Frauenzimmer geschaffen worden, und da ist es mir auch nicht übel zu nehmen, wenn mein Drama ebensowenig dazu geeignet ist.

(Büchner: Werke und Briefe. Wiesbaden 1958. S. 394 u. 399)

Franz Grillparzer (1791–1872) kommt in seiner »Selbstbiographie« im Zusammenhang mit seinem eigenen historischen Trauerspiel »König Ottokars Glück und Ende« (1825) auf die Beziehung von Drama und Geschichte zu sprechen:

»Der Dichter wählt historische Stoffe, weil er darin den Keim zu seinen eigenen Entwicklungen findet, vor allem aber, um seinen Ereignissen und Personen eine Konsistenz[5], einen Schwerpunkt der Realität zu geben, damit auch der Anteil aus dem Reich des Traumes in das der Wirklichkeit übergehe. Wer würde auch einen erdichteten Eroberer ertragen können, der ein erdichtetes Land mit erdichteten Heldenthaten eroberte. Namentlich was über das gewöhnlich Glaubliche hinausgeht, muß einen solchen Anhaltspunkt haben, wenn es nicht lächerlich werden soll. Alexander der Große oder Napoleon als erdichtete Personen würden der Spott aller Vernünftigen sein. Das eigentlich Historische aber, nämlich das wirklich Wahre, nicht bloß der Ereignisse, sondern auch der Motive und Entwicklungen, gehört so wenig hierher, daß, wenn heute Urkunden aufgefunden würden, die Wallensteins völlige Schuld oder völlige Unschuld bewiesen, Schillers Meisterwerk nicht aufhören würde, das zu sein, was es ist und, unabhängig von der historischen Wahrheit, bleiben wird für alle Zeiten. [...] Übrigens, was ist denn Geschichte? Über welchen Charakter irgend einer historischen Person ist man denn einig? Der Geschichtschreiber weiß wenig, der Dichter aber muß alles wissen.«

(Grillparzers Sämtliche Werke. Hrsg. von August Sauer. Bd. 19. Stuttgart o. J. S. 108)

Friedrich Hebbel (1813–63) schreibt in seinem dramentheoretischen Aufsatz »Mein Wort über das Drama« (1843):

»Es fragt sich nun: in welchem Verhältnis steht das Drama zur Geschichte und in wie fern muß es historisch sein? Ich denke, so weit, als es dieses schon an und für sich ist, und als die Kunst für die höchste Geschichtschreibung gelten darf, indem sie die großartigsten und bedeutendsten Lebensprocesse gar nicht darstellen kann, ohne die entscheidenden historischen Krisen, welche sie hervorrufen und bedingen, die Auflockerung oder die allmälige Verdichtung der religiösen und politischen Formen der Welt, als der

5. lat., Dichte, Haltbarkeit; Widerspruchslosigkeit.

Hauptleiter und Träger aller Bildung, mit einem Wort: die Atmosphäre der Zeiten zugleich mit zur Anschauung zu bringen. Die materielle Geschichte, die schon Napoleon die Fabel der Übereinkunft nannte, dieser buntscheckige ungeheure Wust von zweifelhaften Thatsachen, und einseitig oder gar nicht umrissenen Characterbildern, wird früher oder später das menschliche Fassungsvermögen übersteigen, und das neuere Drama, besonders das Shakespear'sche, und nicht bloß das vorzugsweise historisch genannte, sondern das ganze, könnte auf diesem Wege zur entfernteren Nachwelt ganz von selbst in dieselbe Stellung kommen, worin das antike zu uns steht. Dann, eher wohl nicht, wird man aufhören, mit beschränktem Sinn nach einer gemeinen Identität zwischen Kunst und Geschichte zu forschen und gegebene und verarbeitete Situationen und Charactere ängstlich mit einander zu vergleichen, denn man hat ja einsehen gelernt, daß dabei ja doch nur die fast gleichgültige Übereinstimmung zwischen dem ersten und zweiten Portrait, nicht aber die zwischen Bild und Wahrheit überhaupt, herausgebracht werden kann, und man hat erkannt, daß das Drama nicht bloß in seiner Totalität, wo es sich von selbst versteht, sondern daß es schon in jedem seiner Elemente symbolisch ist und als symbolisch betrachtet werden muß [...].

Die Geschichte ist für den Dichter ein Vehikel zur Verkörperung seiner Anschauungen und Ideen, nicht aber ist umgekehrt der Dichter der Auferstehungsengel der Geschichte; und was die deutsche Geschichte speciell betrifft, so hat Wienbarg[6] in seiner vortrefflichen Abhandlung über Uhland[7] es mit großem Recht in Frage gestellt, ob sie auch nur Vehikel sein kann.«

(Hebbel: Sämtliche Werke. Hrsg. von Richard Maria Werner. Bd. 11. Berlin 1903. S. 5 f. u. 9)

Benno von Wiese (geb. 1903) schreibt in seinem Aufsatz über »Geschichte und Drama«:

6. Ludolf Wienbarg (1802–72); Publizist, Ästhetiker und programmatischer Theoretiker des ›Jungen Deutschland‹ (literarische Bewegung).
7. Ludwig Uhland (1787–1862); volkstümlicher Dichter, bes. von Balladen und Romanzen. Durch sein Interesse für ältere deutsche Dichtung Anreger für Germanistik und Volkskunde.

»Dichterische Wirklichkeit entsteht immer erst dort, wo sich der eigne dichterische Lebensprozeß und die geschichtliche Realität miteinander durchdringen.
Daher lassen sich für den Dichter keinerlei Regeln aufstellen, wieweit er sich an die geschichtliche Überlieferung binden, wieweit er sie frei umgestalten soll. Der an der Geschichte sich entzündende Phantasievorgang wird in jedem einzelnen Falle von den besonderen Bedingungen abhängig sein, unter denen das Schaffen des einzelnen Dichters steht. Das Verhältnis von Treue zur Überlieferung und freier Erfindung des Dichters bleibt immer ein fließendes, da eine im Geist der Geschichte erfundene Begebenheit und ein von der dichterischen Phantasie geschauter Charakter sehr viel tieferen geschichtlichen Symbolgehalt in sich bergen kann als eine rein äußerlich und ohne gestaltende Absicht übernommene historische Tatsächlichkeit. Das geschichtliche Drama zeigt die reizvolle Begegnung des dichtenden Subjektes mit einem mehr oder weniger widerstreitenden geschichtlichen Objekt. Dieses Objekt hat sein eigenes Schwergewicht, seine eigne ›Konsistenz‹ und seine eigne, ihm innewohnende Sinngesetzlichkeit, die von der dichterischen Erfindungskraft durchdrungen wird, wenn sie auf ihre Weise erdichtet und begründet und sich dabei auch Begebenheiten selbst erfinden darf.
Das höchste Ziel des Geschichtsdramatikers muß das Zusammenfallen von Subjekt und Objekt sein, von sich bekennendem Ich und gestalthaft erschauter geschichtlicher Welt. Denn nur dort kann er uns zum Glauben an seine Dichtung überreden, wo ihre Wirklichkeit zugleich der höchste Ausdruck seiner dichterischen Individualität ist. Auch im geschichtlichen Drama gibt der Dichter immer nur sich selbst, am unergründlichsten und hinreißendsten gerade dort, wo er von sich selber abzusehen scheint und die objektive Bestimmtheit seines Stoffes ›die Phantasie zügelt‹ und ›der Willkür widersteht‹. Diese Durchdringung des Objektiven mit dem Subjektiven ist eine der großen Aufgaben des Geschichtsdramas, das damit zu jener Sphäre des Symbols vorstößt, wo die Individualität im Allgemeinen aufgehoben und die Vereinigung des Widerstreitenden und Entgegengesetzten erreicht ist. Das Geschichtsdrama bleibt überall dort unvollkommen und fragwürdig, wo das frei Erfundene

innerlich unverbunden neben dem geschichtlich Gegebenen steht, oder die geschichtlichen Tatsachen nicht von jenem auf das ›Allgemeine‹, auf die Totalität der Erscheinungen gerichteten Gestaltungsvorgang des Dichters durchdrungen sind. Das Nebeneinander von geschichtlichen Details und poetischen Freiheiten macht noch kein großes Geschichtsdrama, da Geschichte und Phantasie hier immer noch als undurchdrungene Gegensätze erlebt werden, während es für den Dichter gerade darauf ankommt, Geschichtliches von seiner Einbildungskraft aus umzuwandeln und dem Erfundenen das Gewicht des Historischen zu geben.«

(von Wiese: Geschichte und Drama. In: Deutsche Vierteljahrsschrift 20 [1942] S. 425 f.)

VIII. Literaturhinweise

1. Ausgaben

Goethe's Schriften. Bd. 5: Egmont, Claudine von Villa Bella, Erwin und Elmire. Leipzig: Göschen, 1788.

Goethe's Werke. Vollständige Ausgabe letzter Hand. Bd. 8: Götz von Berlichingen, Egmont. Stuttgart/Tübingen: Cotta, 1827. – Taschenausgabe in Sedezformat. (Derselbe Band wurde 1828 auch in Oktav gedruckt.)

Goethes Werke. 8. Teil: Dramen, Bd. 3. Hrsg. von Karl Julius Schröer. Berlin/Stuttgart: Union, o. J. (Deutsche National-Litteratur 89.)

Goethes Werke. Hrsg. im Auftrage der Großherzogin Sophie von Sachsen. Bd. 8: Götz von Berlichingen, Egmont (bearb. von Jacob Minor). Weimar 1889. (Als hist.-krit. Gesamtausgabe angelegte Weimarer oder Sophien-Ausgabe.)

Goethes Sämtliche Werke. Jubiläums-Ausgabe. Hrsg. von Eduard von der Hellen. Bd. 11: Erwin und Elmire, Claudine von Villa Bella, Clavigo, Die Geschwister, Die Wette, Egmont. (Mit Einl. und Anm. von Franz Munkker.) Stuttgart/Berlin: Cotta. o. J.

Goethes Werke. Festausgabe. Hrsg. von Robert Petsch. Bd. 6: Dramen II. Leipzig: Bibliographisches Institut o. J.

Goethes Werke. [Sog. Hamburger Ausgabe. Hrsg. von Erich Trunz.] Bd. 4: Dramatische Dichtungen II. Hrsg. von Wolfgang Kayser. Hamburg: Wegner, 1953.

Johann Wolfgang Goethe: Gedenkausgabe der Werke, Briefe und Gespräche. [Artemis-Ausgabe. Hrsg. von Ernst Beutler.] Bd. 6: Die Weimarer Dramen. Hrsg. von Kurt May. Zürich 1954.

Goethe. Berliner Ausgabe. Bd. 7: Poetische Werke. Dramatische Dichtungen III. Bearb. von Angelika Jahn. Berlin: Akademie-Verlag, 1963.

2. Forschungsliteratur

Bielschowsky, Albert: Goethe. Bd. 1. München 1895. 1928. S. 340–358 (Egmont).

Blumenthal, Lieselotte: Ein unveröffentlichter Entwurf Goethes. In: Beiträge zur Goetheforschung. Hrsg. von Ernst Grumach. Berlin 1959. S. 212–225. (Deutsche Akademie der Wissenschaften zu Berlin. Veröffentlichungen des Instituts für deutsche Sprache und Literatur 16.)

Böckmann, Paul: Goethe. Egmont. In: Das deutsche Drama vom Barock bis zur Gegenwart. Hrsg. von Benno von Wiese. Bd. 1. Düsseldorf [2]1960. S. 147–168. Auch u. d. T.: Die Freiheit des Wortes in Goethes »Egmont«. In: P. B.: Formensprache. Studien zur Literaturästhetik und Dichtungsinterpretation. Hamburg 1966. Reprogr. Darmstadt 1973. S. 126–146, 525 f.

Böhm, Hans: Goethes Egmont. In: Zeitschrift für deutsche Bildung 17 (1941) S. 175–182.

Böök, Fredrik: Goethes självbiografi och Egmont. In: F. B.: Från fyra sekler. Litterära essayer. Stockholm 1928. S. 26–42.
Braemer, Edith: Goethes »Egmont« und die Konzeption des Dämonischen. In: Weimarer Beiträge 4 (Sonderheft 1960) S. 1011–28.
Bränse, Heinrich: »Wallensteins Lager« und »Egmont«. In: Euphorion 22 (1915) S. 303–307.
Bratanek, Franz Thomas: Goethes Egmont und Schillers Wallenstein. Eine Parallele der Dichter. Stuttgart 1862.
Braun, Julius W.: Goethe im Urtheile seiner Zeitgenossen. Zeitungskritiken, Berichte, Notizen, Goethe und seine Werke betreffend. Abth. 2.: Goethe. Bd. 2. Berlin 1884. (Zitiert als: Braun.)
Braunbehrens, Volkmar: Egmont zwischen Großen und Kleinen. In: Berliner Hefte (1980) H. 14. S. 15–36.
Brück, Max von: Johann Wolfgang von Goethe: Egmont. Deutung und Dokumentation. Frankfurt a. M. 1969. (Dichtung und Wirklichkeit 31.)
Brüggemann, Fritz: Goethes »Egmont«, die Tragödie des versagenden Bürgertums. In: Jahrbuch der Goethe-Gesellschaft 11 (1925) S. 151–172.
Burckhardt, Sigurd: Egmont and Prinz Friedrich von Homburg. Expostulation and Reply. In: The German Quarterly 36 (1963) S. 113–119. Auch in: S. B.: The Drama of Language. Essays on Goethe and Kleist. Baltimore/London 1970. S. 94–100.
Busch, Ernst: Egmont. In: Der Deutschunterricht 1 (1948/49) H. 7. S. 18–36.
Crosby, Donald H.: Kleist's Friedrich von Homburg – An Intensified Egmont? In: German Life and Letters N. S. 23 (1969/70) S. 315–322.
Dahnke, Hans Dietrich: Geschichtsprozeß und Individualitätsverwirklichung in Goethes »Egmont«. In: Studien zur Literaturgeschichte und Literaturtheorie. Hrsg. von Hans Günther Thalheim und Ursula Wertheim. Berlin 1970. S. 58–100, 340–344.
Diekhoff, Tobias: Notes on a Passage in Goethe's Egmont. In: Modern Language Notes 18 (1903) S. 139–140.
Düntzer, Heinrich: Goethes Götz und Egmont. Geschichte, Entwicklung und Würdigung beider Dramen. Braunschweig 1854.
Düntzer, Heinrich: Goethes Egmont. Leipzig ^{5}1898. (Erläuterungen zu den Deutschen Klassikern. Abth. 1: Erläuterungen zu Goethes Werken 7.)
Ellis, John M.: The Vexed Question of Egmont's Political Judgement. In: Tradition and Creation. Essays in Honor of Elisabeth Mary Wilkinson. Hrsg. von C. P. Magill [u. a.]. Leeds 1978. S. 116–130.
Ellis, John M.: Once Again, Egmont's Political Judgement: A Reply. In: German Life and Letters N. S. 34 (1980/81) S. 344–349.
Frenzel, Herbert A.: Goethes »Egmont« auf der Berliner Bühne. In: Die Scene 22 (1932) S. 53–59.
Fuchs, Albert: Das Drama Egmont als Ausdruck der geistigen Welt Goethes. Diss. Straßburg 1946.
Fuchs, Albert: Egmont. In: A. F.: Goethe-Studien. Berlin 1968. S. 16–25. Zuerst in: Bulletin de la Faculté des Lettres de l'Université de Strasbourg 25 (1946/47) S. 116–124.

Glaesener, Henri: Goethe et la Belgique. In: Revue de Littérature Comparée 12 (1932) S. 217–237.

Gräf, Hans Gerhard: Goethe über seine Dichtungen. Th. 2: Die dramatischen Dichtungen. Bd. 1. Frankfurt a. M. 1903.

Gräf, Hans Gerhard: Zur ersten »Egmont«-Aufführung am Weimarer Hoftheater. In: H. G. G.: Goethe. Skizzen zu des Dichters Leben und Werken. Leipzig 1924. S. 298–304.

Grenzmann, Wilhelm: Egmont. In: W. G.: Der junge Goethe. Interpretationen. Paderborn 1964. S. 70–83.

Guglia, Eugen: Die historischen Quellen von Goethes Egmont. In: Zeitschrift für allgemeine Geschichte 3 (1886) S. 384–392.

Gundolf, Friedrich: Goethe. Berlin 1916. 1930. S. 184–197 (Egmont).

Haile, Harry G.: Goethe's Political Thinking and Egmont. In: Germanic Review 42 (1967) S. 96–107.

Hansen, Wilhelm (Hrsg.): Goethes Egmont-Handschrift. Berlin 1939.

Hartert, A.: Das Dämonische und der Glaube in Goethes »Egmont« und »Iphigenie«. In: Gütersloher Jahrbuch (1892) S. 169–213.

Hartmann, Horst: Goethes Egmont. Eine Analyse. In: Weimarer Beiträge 13 (1967) S. 48–75.

Hartmann, Horst: Egmont. Geschichte und Dichtung. Berlin [Ost] 1972.

Henel, Heinrich: Goethe's Egmont: Original and Revised. In: Germanic Review 38 (1963) S. 7–26. Dt.: Auf den Spuren des Uregmont. In: H. H.: Goethezeit. Gesammelte Aufsätze. Frankfurt a. M. 1980. S. 102–129, 356–358.

Heß, John A.: Goethe's »Egmont as a Possible Source of Hugo's »Hernani«. In: Modern Philology 27 (1929/30) S. 193–199.

Hobson, Irmgard: Oranien and Alba: The Two Political Dialogues in »Egmont«. In: Germanic Review 50 (1975) S. 260–274.

Hof, Walter: Über Goethes »Egmont«. In: Wirkendes Wort 1 (1950/51) S. 91–98. Auch in: Wirkendes Wort. Sammelband 4 (1962) S. 332–339.

Höfer, Conrad: Zu Schillers Egmontbearbeitung. In: Goethe-Jahrbuch 31 (1910) S. 70–82.

Houben, Heinrich Hubert: Egmont der Aufwiegler. In: H. H. H.: Der polizeiwidrige Goethe. Berlin 1932. Frz.: Egmont l'agitateur. In: H. H. H.: Goethe et la police. Paris 1933. S. 129–140.

Ittner, Robert T.: Klärchen in Goethe's Egmont. In: Journal of English and Germanic Philology 62 (1963) S. 252–261.

Kaschnitz, Marie Luise: Klärchen. In: Gegenwart im Geiste. Festschrift für Richard Benz. Hrsg. von Walther Bulst und Arthur von Schneider. Hamburg 1954. S. 95–102. Auch u. d. T.: Egmont und Klärchen. In: M. L. K.: Zwischen Immer und Nie. Gestalten und Themen der Dichtung. Frankfurt a. M. 1971. S. 99–109.

Keferstein, Georg: Die Tragödie des Unpolitischen. Zum politischen Sinn des »Egmont«. In: Deutsche Vierteljahrsschrift für Literaturwissenschaft und Geistesgeschichte 15 (1937) S. 331–361.

Kern, Franz: Das Dämonische in Goethes Egmont. In: Zeitschrift für den deutschen Unterricht 2 (1888) S. 325–328.

Kilian, Eugen: Zur Bühnengeschichte des Egmont. In: Goethe-Jahrbuch 33 (1912) S. 67–72.
Kilian, Eugen: Schillers »Egmont« in ursprünglicher Fassung. In: Beiträge zur Literatur- und Theatergeschichte. Ludwig Geiger zum 70. Geburtstage. Berlin 1918. S. 145–151.
Kilian, Eugen: Goethes Egmont auf der Bühne. Zur Inszenierung und Darstellung des Trauerspiels. Ein Handbuch der Regie. München 1925.
Klaucke, Paul: Erläuterungen ausgewählter Werke Goethes. H. 2: Egmont. Berlin 1887.
Klaucke, Paul: Goethes Egmont im deutschen Unterricht. In: Zeitschrift für den deutschen Unterricht 2 (1888) S. 319–325.
Kleiber, Ludwig: Studien zu Goethes Egmont. Berlin ²1913. 1. Aufl. u. d. T.: Beiträge zur Charakteristik von Goethes Egmont. Programm Berlin 1903.
Korff, Hermann August: Geist der Goethezeit. Bd. 2: Sturm und Drang. Leipzig 1923. ⁸1966. S. 215–219 (Egmont).
Köster, Albert: Schiller als Dramaturg. Beiträge zur deutschen Litteraturgeschichte des 18. Jahrhunderts. Berlin 1891. S. 1–10 (Zu Schillers Egmont-Bearbeitung).
Linden, Walther: Goethes Egmont und seine römische Vollendung. In: Zeitschrift für den deutschen Unterricht 40 (1926) S. 182–195.
Mehring, Franz: Goethes »Egmont«. In: F. M., Gesammelte Schriften. Bd. 10. Berlin 1961. S. 62–69. Zuerst in: Die Volksbühne 1 (1892/93) S. 3–12.
Meyer, Richard M.: Ist Goethes »Egmont« ein historisches Drama? In: Preußische Jahrbücher 95 (1899) S. 65–79.
Meyer, Richard M.: Goethes italienische Dramen. In: Goethe-Jahrbuch 26 (1905) S. 126–132.
Michelsen, Peter: Egmonts Freiheit. In: Euphorion 65 (1971) S. 274–297
Miller, Ronald Duncan: The Drama of Goethe. Harrogate (Yorks.) 1966.
Minor, Jacob: Entstehungsgeschichte und Stil des Egmont. In: Die Grenzboten 42 (1883) S. 361–370.
Naumann, Hans: Goethes Egmontmythos. In: Zeitschrift für deutsche Philologie 71 (1951/52) S. 277–291.
Nicholls, Roger A.: Egmont and the Vision of Freedom. In: The German Quarterly 43 (1970) S. 188–198.
Nicolaisen, Carsten: Den jammerlige kausalitet. Goethes »Egmont«. In: C. N.: Rimets musikalske klapperslange. Litterære analyser. Odense 1975. S. 46–69.
Nuffel, Herman van: Lamoraal van Egmont in de Geschiedenis, Literatuur, Beeldende Kunst en Legende. Leuwen/Paris 1968. ²1971. (Standen en Landen / Anciens pays es assemblées d'état 46.)
Peacock, Ronald: Egmont. In: R. P.: Goethe's Major Plays. Manchester 1959. S. 259–281.
Polheim, Karl Konrad (Hrsg.): Zwischen Goethe und Beethoven. Verbindende Texte zu Beethovens Egmont-Musik. Bonn 1982.
Raabe, August: Das Erlebnis des Dämonischen in Goethes Denken und Schaffen. Berlin 1942. (Neue deutsche Forschungen 314. Abt. Neuere deutsche Literaturgeschichte 37.)

Rees, Brychan G.: Goethe's »Egmont«. In: Modern Languages 22 (1940/41) S. 3–9.
Rehder, Helmut: »Egmont« and »Faust«. In: Monatshefte 55 (1963) S. 203 bis 215.
Reinhardt, Hartmut: Egmont. In: Goethes Dramen. Neue Interpretationen. Hrsg. von Walter Hinderer. Stuttgart 1980. S. 122–143.
Sammons, Jeffrey L.: On the Structure of Goethe's Egmont. In: Journal of English and Germanic Philology 62 (1963) S. 241–251.
Schaum, Konrad: Dämonie und Schicksal in Goethes Egmont. In: Germanisch-Romanische Monatsschrift 41 (1960) S. 139–157.
Schulte, Massimo: Egmont. In: M. S.: Saggi critici. Napoli 1950. S. 18–35.
Seidl, Armin: Wieder einmal Goethe Egmont. In: Zeitschrift für den deutschen Unterricht 16 (1902) S. 238–241.
Seuffert, Bernhard: Beobachtungen über dichterische Komposition II. In: Germanisch-Romanische Monatsschrift 3 (1911) S. 569–584 (Egmont: S. 569–579).
Siedhoff, Siegrid: Der Dramaturg Schiller. »Egmont«. Goethes Text – Schillers Bearbeitung. Bonn 1983. (Mitteilungen zur Theatergeschichte der Goethezeit 4.)
Skopnik, Günter: Die Traumerscheinung in Goethes »Egmont«. In: Die Scene 22 (1932) S. 66–72.
Speer, Otto: Goethes »Egmont« im Unterricht. In: Zeitschrift für Deutschkunde 55 (1941) S. 18–24.
Spieß, Otto: Die dramatische Handlung in Goethes »Clavigo«, »Egmont« und »Iphigenie«. Ein Beitrag zur Technik des Dramas. Halle (Saale) 1918. (Bausteine zur Geschichte der deutschen Literatur 17.) Repr. Walluf 1973.
Staiger, Emil: Goethe. Bd. 1. Zürich/Freiburg i. Br 1952. ^{4}1964. S. 289–307 (Egmont).
Streisand, Joachim: Die niederländische Revolution im Geschichtsbild der deutschen Klassik. In: Zeitschrift für Geschichtswissenschaft 23 (1975) S. 295–303.
Sumiyoshi, Isanni: Die tragische Ironie im Egmont in Zusammenhang mit Dämon und Nemesis. In: Goethe-Jahrbuch 8 (1966) S. 107–123. (In japanischer Sprache mit kurzer deutscher Zusammenfassung.)
Swales, Martin W.: A Questionable Politician: A Discussion of the Ending to Goethe's »Egmont«. In: Modern Language Review 66 (1971) S. 832–840.
Vogeler, A.: Der Charakter Egmonts in Goethes gleichnamigem Drama. In: Zeitschrift für den deutschen Unterricht 9 (1895) S. 577–582.
Völker, Elisabeth: Untersuchungen zur Textgeschichte des Egmont. Diss. Berlin (Humboldt-Univ.) 1963.
Waldeck, Marie-Luise: Klärchen: An Examination of her Role in Goethe's Egmont. In: Publications of the English Goethe Society N. S. 35 (1964/65) S. 68–91.
Walter, Harold Alexander: Kritische Deutung der Stellungnahme Schillers zu Goethes Egmont. Düsseldorf 1959.
Walter, Harold Alexander: Die Stellungnahme Schillers zu Goethes »Egmont«. In: The German Quarterly 32 (1959) S. 330–340.

Wells, George Albert: Egmont and ›Das Dämonische‹. In: German Life and Letters 24 (1970/71) S. 53–67.

Wells, George Albert: Critical Issues Concerning Goethe's »Egmont«. In: German Life and Letters N. S. 32 (1978/79) S. 301–307.

Wiese, Benno von: Die deutsche Tragödie von Lessing bis Hebbel. Hamburg 1948. ^{6}1964. (Bes. S. 84–89.)

Wilkinson, Elisabeth M.: The Relations of Form and Meaning in Goethe's Egmont. In: Publications of the English Goethe Society N. S. 18 (1949) S. 149–182. Auch in: E. M. W. / Leonard A. Willoughby: Goethe. Poet and Thinker. Essays. London 1962. ^{2}1970. S. 55–74. Dt.: Sprachliche Feinstruktur in Goethes »Egmont«. Zur Beziehung zwischen Gestalt und Gehalt. In: Begriffsbestimmung der Klassik und des Klassischen. Hrsg. von Heinz Otto Burger. Darmstadt 1972. (Wege der Forschung 210.) S. 353–390. Auch in: E. M. W. / L. A. W.: Goethe. Dichter und Denker. Frankfurt a. M. 1974. S. 61–91.

Willoughby, Leonard A.: The Image of the Horse and Charioteer in Goethe's Poetry. In: Publications of the English Goethe Society N. S. 15 (1946) S. 47–70.

Ziegler, Klaus: Goethes »Egmont« als politisches Drama. In: Verstehen und Vertrauen. Otto Friedrich Bollnow zum 65. Geburtstag. Hrsg. von Johannes Schwartländer, Michael Landmann und Werner Loch. Stuttgart 1968. S. 272–292.

Zimmermann, Ernst: Goethes Egmont. Halle (Saale) 1909. (Bausteine zur Geschichte der neueren deutschen Literatur 1.) Repr. Walluf 1973.

Für die freundliche Genehmigung zum Abdruck von Zitaten und Auszügen aus urheberrechtlich geschützten Werken danken Herausgeber und Verlag den einzelnen Rechteinhabern. Die genauen Quellennachweise finden sich jeweils unter den Zitaten.

Inhalt